法兰西学院的年轻建筑家来到这座永恒之城,
打算用线条来"修复"古建筑。
这是个考古学和建筑学的庞大计划,
不过,所完成的是美,而非真实。

目 录

13　第一章　永恒之城

29　第二章　人文主义当家

59　第三章　从私人收藏到艺术史

85　第四章　拿破仑时代来临

101　第五章　理性年代

121　第六章　尚古与真理

145　见证与文献

185　图片目录与出处

190　索引

克劳德·莫蒂

毕业于法国赛佛尔高等师范学院，取得古典文学的大学和中学教师资格，研究罗马共和国末期和罗马帝国初期（公元前2世纪至公元1世纪）的政治思想和文化危机，博士论文探讨此时期的法律、政治和社会之间的关系。以法国罗马学院的学者身份，参与一项关于古罗马发现史，以及"罗马考古学创立史"的研究，本书即研究成果。

郑克鲁

广东中山人，1939年8月生于澳门。现为全国法国文学研究会副会长，上海翻译家协会副会长，上海比较文学研究会副会长等。重要著作有《法国文学论集》《法国诗歌史》《现代法国小说史》《法国文学史》《法国文学纵横谈》。

罗马考古

永恒之城重现

[法] 克劳德·莫蒂 著

郑克鲁 译

吉林出版集团股份有限公司 | 全国百佳图书出版单位

罗马不断被掩埋起来，
不断遭到毁坏，
但它从来没有消失过。
这座永恒的城市，
经历了中世纪的劫掠，
终得保存下来。
在它的废墟之上，
传说的面纱逐渐褪下。

第一章
永恒之城

《世界的话语》是14世纪意大利诗人乌贝蒂的作品，叙述了一次虚构的旅行。乌贝蒂的向导，古代地理学家索林来到河边，遇到一个哭泣的老妇人。她是罗马的化身，她向诗人叙述了自己的历史，谈到自己昔日的美貌。左图即细密画家根据这段叙述绘成的作品。

像许多古城一样,罗马也曾被掩埋过。16世纪时,法国思想家蒙田跑遍这座城市,晓得自己行走在"所有房子的屋脊"以及"古老墙垣"之上。两个世纪以后,德国文豪歌德怀着吊古之情,在瓦奇诺原野漫步。这个古罗马广场,从前四周坐落着房屋和教堂,如今已成为牧场,不时可以瞥见半掩的废墟。直到下一个世纪,也就是19世纪,考古学家才把这些废墟发掘出来。西罗马帝国寿终正寝一千多年以来,深藏于地下的古代遗迹,逐渐重新展现在世人眼前。

从古代开始,罗马人就在房屋之上建造房屋:图拉真的公共浴场建在尼禄的宫殿

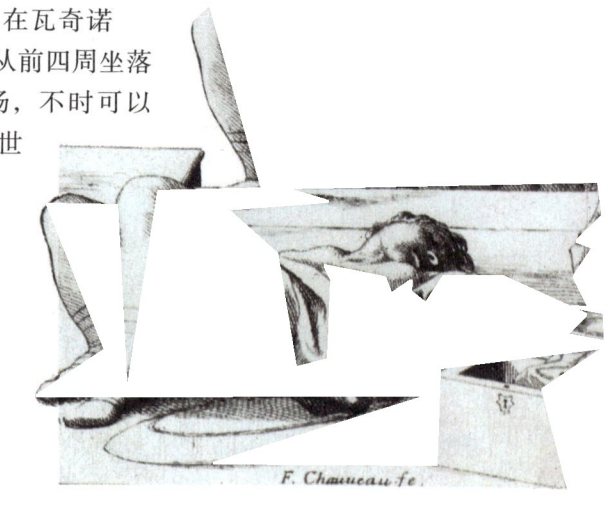

"金屋"的废墟之上；戴克里先的公共浴场则建在两座神庙和好几幢建筑之上。罗马人总是不愿毁掉这些地底下的建筑物，他们在这些旧建筑上盖新建筑。他们也不清理坍塌的建筑。弗龙坦是2世纪的引水渠管理人，他这样写道："山冈耸立在废墟之上。"在罗马帝国灭亡（5世纪）前，君主制度时代的罗马和共和时代的罗马，几乎都消失了。新的建筑重塑了这个城市，但这些建筑注定了要面对同样的命运。

根据一则约始于5世纪的传说，4世纪初期，西尔维斯特经由洗礼治愈了君士坦丁大帝的麻风病后，君士坦丁大帝把西罗马帝国赠给西尔维斯特，从此教皇得以合法享有政治权力。12世纪，当帝国和教皇之间的权力斗争趋于白热化时，这则传说又流传起来。左页图是当时"戴冠四圣徒"教堂的一组壁画，表现了这则传说，君士坦丁大帝把三重冠冕交给教皇。

410年，西哥特人的领袖阿拉里克劫掠罗马，罗马人恐惧不已。学识渊博的圣哲罗姆神父哀叹道："这是世界末日，我说不出话来，我的喉咙哽咽了……这座曾经征服世界的城市，如今也轮到它倒塌了。"

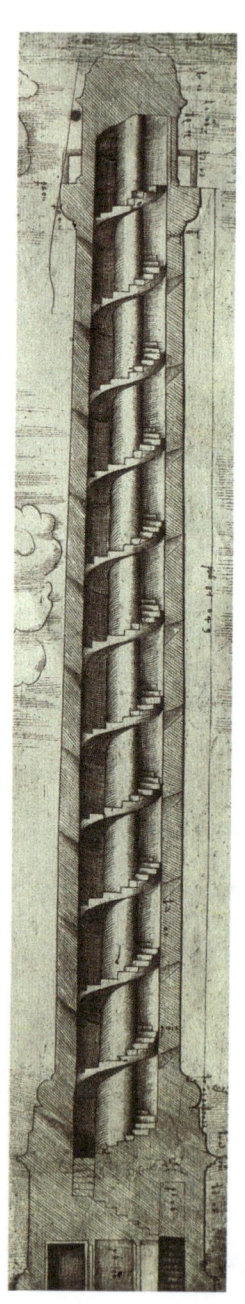

失去了建筑珍品的罗马，倾圮的罗马

从4世纪开始，罗马帝国就信奉基督教。罗马失去了首都的地位。君士坦丁堡、米兰、拉韦那相继用历代皇帝从罗马窃取来的财富，被建造得漂漂亮亮。

禁止信奉异教，关闭神庙，普遍的贫困，以及

无法挽回的损失　17

异族入侵——这些都加速了罗马的败落。居民不再维修建筑物。蛮族劫余的雕像、祭器四处散落。古代遗址,像是古罗马竞技场、古罗马广场、巴拉丁丘,渐渐成了垃圾场;或者任凭植物生长,尘土覆盖。

不过,也有些统治者和入侵者试图保护建筑物:5世纪末的意大利国王狄奥多里克,派人修复庞培的剧院,鼓励建造新建筑,恢复古罗马广场、竞技场、下水道的引水渠。

当拜占庭皇帝君士坦丁乌斯二世,在357年到罗马朝圣时,他感到目眩神迷:罗马仍然保有传说中的那种光辉灿烂!图拉真广场上有雕刻装饰的柱子和长方形大会堂,还有基里纳尔山上的市场,这些使他心驰神往。他仿佛看到了"世界的殿堂"。

左页下图,建于公元前1世纪末的金字塔,是塞斯蒂乌斯的陵墓。左页右图则是图拉真圆柱。

万神庙的圆顶朝天洞开达9米之多(下图)。中世纪的人认为这是因为魔鬼拿走了圆尖顶——一个青铜的松果,把它放在圣彼得教堂前面。

从异教城市到基督教城市:掠夺和重新利用

但是此时,城市的景色改变得非常快。罗马已经变成一个信奉基督教的城市,教堂取代了以往的神庙。由古罗马帝国第一代皇帝奥古斯都的女婿,阿格里巴建造的万神庙,从609年起,改

画家海姆斯凯尔克的画,作于《罗马劫》之后的1532年至1536年间,也就是保罗三世任教皇期间。这位艺术家是个观察家,具有准确的写实眼光:他没有假想建筑物昔日的状态,也没有杜撰它修复后的样子。图中这个竞技场,恰如经过破坏和几个世纪劫掠以后的模样。

祭祀圣母玛利亚，她是殉难者崇敬的对象。古罗马广场上的元老院所在地，也献给了圣阿德里安。同时，在战火、饥馑和疾病的交相煎迫下，居民被迫离开山冈，避到台伯河沿岸。接下来的几百年里，罗马城无甚进展。市中心仍然人口稠密，但四周广阔的地带十分荒凉。到了11世纪初，终于建起几百座塔楼。贵族将仍然完整的古代建筑占为己有，其他的建筑，像神庙、广场、剧院等，都变成了大理石采石场。大理石是上好的建筑材料，但是这些大理石都被送到石灰炉中烧掉，以取得石灰。在整个中世纪和文艺复兴时期，几千座塑像和大理石艺术品残块，就这样被送到石灰炉铺子里，全部熔化掉了。有一条名叫"via delle Botteghe oscure"（暗店）的街，就留下了昔日毁灭艺术品的痕迹。

19世纪，意大利考古学家兰奇安尼在古罗马广场上，发现了一些这样的古代熔炉。巴拉丁广场上的一个壕沟塞满塑像，"有的已经烧成石灰，其他的则原封不动"，看来人们正准备把这些塑像送进炉子里烧掉。但不知为什么，它们被抢救下来。用作塑像、建筑饰面和柱子材料的大理石，只要没熔掉，就送到意大利的那不勒斯、比萨、奥尔维耶托、蒙特卡西诺，或者更远，比如法国的圣丹尼斯和英国西敏寺一带。今日罗马所剩的，就是这些劫后余生的艺术品了。罗马帝国的首都不是一片红色，罗马是

对朝圣者来说，罗马是尽善尽美的城市，是世界的中心。因此，在《安西埃戴恩路线图》中，罗马被画成了圆球形状，城墙非常规则，标示着最著名的几条路线，中间一条是最重要的，从梵蒂冈通往拉特朗。

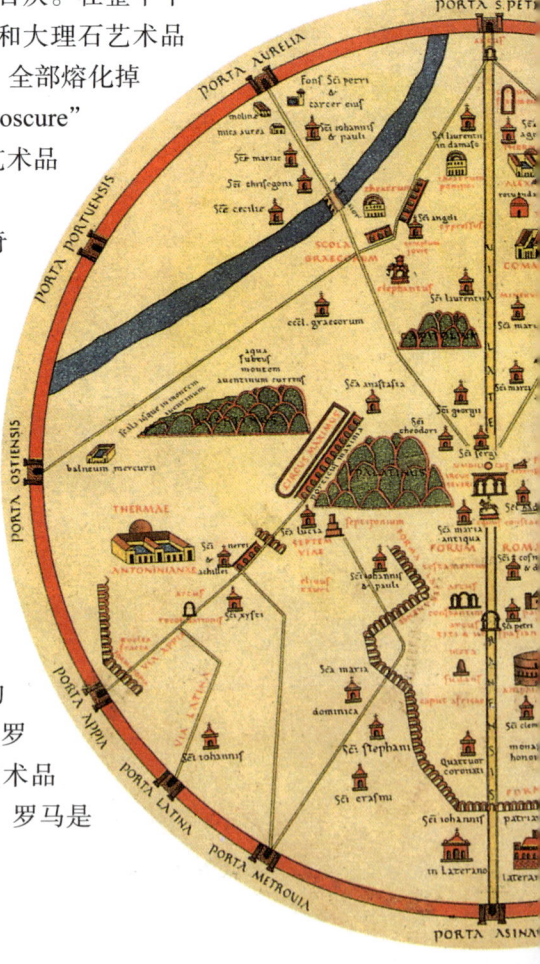

一个大理石的城市,一个光辉夺目的城市!

罗马不死:重生,再重生

尽管罗马曾经被掩埋、被破坏,却从未真正消失。竞技场、万神庙以及图拉真圆柱,是罗马永恒的象征,经历了岁月的风霜,仍然存在。这样一种"物质上的"绵延不断,足以解释罗马不寻常的命运。有多少个城市,有多少种文明,能够像罗马一样,得以在人们忘了它之后,又突然被发现呢?罗马总是保存着一种充满生命力的气息,它一再出现"复兴",并且充满活力。尽管基督教徒一再抗拒与异教接触,但是从公元前1世纪到中世纪,对传统和罗马史的研究从来没有中断过,他们对古代文化有深刻的认识,对古代遗址表现出了无限的尊敬。

"在教皇宫邸——拉特朗——前面,有一座青铜塑像:马很高大,骑士坐得笔直,用右手指挥罗马人民,而左手拉住缰绳。关于骑士的身份,有很多种说法。有人认为是狄奥多里克,罗马人则说是君士坦丁大帝,但是对红衣主教和罗马教区的教士来说,却是2世纪的皇帝奥理略或者基里努斯。"

格雷戈拉斯

罗马最早的导游指南提到了异教的纪念建筑

异教时代的罗马很吸引参观者;基督教的首都,也获得赞赏。远从法国、西

班牙和德国而来的朝圣者,参拜了圣彼得的坟墓、收藏着圣徒遗物的教堂等古迹。1300年大赦,朝圣者竟超过200万人。因为大家听说,凡是前往朝圣的人,一律予以赦罪。

作于8世纪或9世纪的《安西埃戴恩路线图》,是一本为旅行者写的导游指南。安西埃戴恩是一座瑞士修道院的名字,路线图的手稿就是在那里发现的。这份路线图提供了11条游城路线,详细描绘护城墙,还指出有多少座塔楼、城堞、窗户和公厕。从这份指南看得出来,绘制者对罗马城有充分的了解,对于古人刻在纪念建筑物上的文章更有研究。

"罗马的奇迹",中世纪的旅游圣书

在卡洛林王朝(774—901统治意大利)之后的三个世纪中,又出版了一些朝圣新指南,统称"罗马的奇迹"。"罗马的奇迹"之中,有关罗马城的知识已很零星,被淹没在描写传说和象征含义的叙述中。不过,"罗马的奇迹"和以前的指南同样赞赏古人,而古人的影响不断扩大:一方面,"罗马的奇迹"挑起了

中世纪,有人认为君士坦丁大帝的巨大头颅象征太阳神……

"罗马的奇迹" 23

后代君王群起而效仿的野心；另一方面，这些充满传说和象征的指南，也影响了当时人们的想法。12世纪初，罗马人要求脱离罗马教廷而独立；各个教皇和日耳曼帝国的皇帝，则计划建立一个囊括世界的大帝国：罗马将是这个帝国的中心，而罗马帝国是它的楷模。罗马人梦想建立一个统一的意大利，由罗马统治；这个国家将是一个新共和国，以旧意大利为蓝本而建。

这一时期政治关系紧张，尤其在公社（1143—1198）和阿维农（1309—1420）时期，是政治复兴时期，共和制与帝制并存，信奉基督教，也容忍异教。罗马的政治复兴似乎有利于考古：人们开始挖掘，更加看重出土文物。腓特烈二世派人勘察奥古斯塔附近的希腊古城。好奇者喜欢到处搜索，有些人之所以对大理石和塑像有兴趣，只是为了做艺术品生意。对某些艺术品的重视，部分原因在于无法做出同样的艺术品。这样，古代就具有一种神话的性质："古人"好像是难以模仿的巨人，他们用奇迹装饰了自己的城市。

这些指南虽然影响了政治和考古，书中却随处可见传说和谬误。本尼狄克是12世纪的教士，他力图向当时的人描绘这些惊人的瑰宝。他阅读古籍，试图借由研究中世纪的地名，重新找到纪念建筑的古名。但是他把中世纪的传说和谬误都收录在说明中：他认为卡斯特与波乐克斯这两个希腊神话中的天神，是"1世纪初，罗马皇帝提比略

腓特烈二世，是霍亨斯道芬王朝的最后一位后裔。身为日耳曼人的皇帝和西西里岛的国王，他十分看重帝国观念。腓特烈二世非常熟悉古罗马，也鼓励研究古代。在西西里岛时，他编纂了一部关于国家行政法的法典。此外，1231年，他还编纂了梅尔菲法典。这两部法典借鉴了查士丁尼一世制定的罗马法典。

时代来到罗马的年轻哲学家"。他在《圣西尔维斯特传》中记载：古罗马宗教所信奉的灶神维斯塔，"她的神庙位于罗马广场上，据说有一条龙盘踞其中"。他设想，在卡皮托利尼丘上，矗立着神奇而金碧辉煌的宫殿。

"罗马的奇迹"符合当时人们的想法。那时的人希望恢复执政官和元老制，还想重现往日的兴盛。"罗马的奇迹"很受欢迎，直到16世纪，它都一直被传抄和模仿。在很长的一段时间里，人们接受了这种描述地形的文体；书中对于罗马纪念建筑的描述，在多年后仍为人所信。

钟情于维纳斯的格雷戈拉斯

在"罗马的奇迹"的各种作品中，格雷戈拉斯的作品有着特殊的地位：这位英国神学家热爱古代，他抨击毁坏艺术品的行为，以及提倡破除旧传统的教皇。他来到罗马，第一眼就被这座城市迷住了——塔楼矗立、小巷纵横、教堂无数。漫步城中，更使他赞叹不已：金字塔、凯旋门、纪念建筑——当时的人把这些建筑称作"宫殿"。一切都使他着迷，尤其塑像更是令他赞不绝口。有一座塑像特别吸引他，那就是帕罗斯出产的大理石维纳斯像，"这像太美了，美得无法解释，美得让人以为它有生命。它的脸活脱脱是一个少女的脸。这个少女因为赤身裸

体而面红耳赤,她绯红了脸"。

格雷戈拉斯说自己没把传说当真,但他也算不上是饱学之士。他完全是个中古时代的人。从他的作品里,我们看到了中古时代的人眼中的罗马:一个错综复杂的迷宫,一个会让游客迷路的森林。大家对于传说感兴趣,而传说是当时的人理解事物的唯一方法。于是,万神庙变成了魔鬼的巢穴,竞技场变成了太阳神庙。

护民官柯拉

从教皇选择阿维农作为教廷所在地开始,大部分意大利城市在复兴古代文化的推动下,都经历了强大的觉醒。

在罗马,佩脱拉克的朋友——柯拉,反对贵族滥用特权,成为人民的捍卫者。他也善于评点古籍。他的传记作家说:"这个罗马的年轻人,整天都在观察布满罗马大街小巷的大理石雕塑。谁也不如他善解古代的碑文。他正确地解释了所有的大理石雕塑上各个人物的意义。"正是一篇碑文使他闻名遐迩。1346年,他发现了一块青铜版——上面刻着授皇权给韦斯巴芗皇帝的法令。这块青铜版被用来建拉特朗大教堂的祭坛。在好几个世纪中,这篇碑文的文字一直隐而不现;需要来一场大火,

后代人眼中,佩脱拉克是革新古典文学的化身(左图),柯拉(上图)则是力图复活古代政治形式的代表人物。柯拉的死展现了罗马精神最暴力的一面:柯拉在城里被拖着游街三天,身体受到折磨,最后被石块砸死。他死后,罗马人还把他的尸体分解并焚烧掉。他的传记作者说:"尸体化为齑粉,没有留下一点痕迹。"

才能使碑文显露出来。柯拉把这个文件张贴出来,将民众召集来,然后解释说:"崇高的罗马被掩埋在尘土中,它无法看到自己的衰落,因为它的双眼已经被皇帝和教皇挖掉了。罗马人,请看一看,那授予帝国称号的元老院是多么威风凛凛呀!"

罗马人谛听着这篇赞美往昔的颂词,仿佛看到了描绘自由的蓝图。柯拉当选为护民官!在以往西塞罗和恺撒这些政治人物使民众群情激昂的地方,如今大家前来倾听柯拉讲话。可是,这个把民众鼓动起来的"解放者",改革城市,追求意大利统一,却变成了暴君。因此,罗马人请他下台,并把他送入监狱,继而又要求他再次出山,但是柯拉变得更残暴。他受尽酷刑折磨,最终死去。

韦斯巴芗皇帝的青铜版法典,由柯拉发现。

从中世纪的学者到文艺复兴的人文主义者

在柯拉那个时代,他是宣扬复兴罗马的最后一人。和柯拉同一时期的董迪已经属于人文主义时代,在他的《罗马游记》中,他对纪念建筑仔细调查,避免把传说也写进去。

董迪十分慎重地探讨古代,没有巫术,没有政治上的宣扬,也没有诗意的抒发。这种探讨是从数字和典籍着手的,他怀着批判的精神来赞赏古代。

这幅狮子形状的罗马图作于13世纪,表现了这座城市的庄严形象。柯拉说:"城墙围起的形状,像一头在歇息的狮子。"

正当哥伦布出海寻找美洲时，
艺术家、学者、君主、冒险家和教皇
则往罗马的地下探索，
想找到昔日罗马繁荣的遗迹。
人们劫掠这个城市，
也重建这个城市。
罗马帝国的旧都，
在文字、地图和平面图中复活了。

第二章
人文主义当家

陈列在金色大厅中的《拉奥孔》，是"艺术的奇迹，从最大的痛苦中产生出最崇高的美"。
温克尔曼

15世纪的罗马,十分肮脏,人口稀少,破败不堪。按照当时人的说法,罗马活像一个衣衫褴褛的老妪。在史学家波奇·布拉乔利尼眼中,罗马象征了人类的命运,饱受无常之苦,而艺术家和学者发出不平之鸣。

当时的"考古学家"向自己的时代挑战,想要从古物中重建罗马,让罗马的面目更清晰、更完整。教皇为了进行浩大的市政工程,也大肆搜集古代的艺术杰作。他们的狂热,甚至遭到后代批判:查理五世的军队和教会改革分立派,在1527年劫掠罗马前夕,指责这些教皇为异端。

除了前述几种因素之外,真正引发罗马考古热的是一种探索的欲望,一种时代无法满足的求知欲。因此,达·伽马和韦布西等海上探险家出海寻找新陆

左上图是一座人造山丘,形状像破碎的双耳尖底瓮,这是泰斯塔奇奥山,古罗马商业中心的一处遗址。右上图中,皇帝奥理略的巨大塑像立于前景,他的头和手指向拉特朗圆柱,表示这是教皇执法和行使政治权力的地方。在15世纪末和16世纪初,这些青铜艺术品和《古代牝狼》被运到卡皮托利尼丘,至今还放在那里。

地，学者、艺术家和君主则去探访罗马。

学者的漫步

15世纪时，安科纳的西里亚库斯是商人，也是古物研究者。他每天骑着白马，跑遍全城，"寻访遗址、神庙、剧院、宫殿、广场、巍然壮观的方尖碑、壮丽的凯旋门、引水渠、桥梁、塑像、圆柱、崇高的碑文。他把观察结果记录下来，加以评论"。他说，他想让死人复活，确定他们的身份。在他的《游记》中，他叙述了自己到意大利、埃及、希腊和巴勒斯坦等地方的探索，并抄录下湮没无闻的典籍，描述纪念建筑。

就像西里亚库斯，这个时期的博学之士热衷于

罗马的象征物置于一片建筑和古物的背景中：一座方尖碑，顶部有一个球，立于大教堂前面。教堂的建筑是圣彼得教堂和圣使古堡的结合。

探索：文艺复兴时期的人文主义历史学家比翁多和波奇·布拉乔利尼二人，探访了罗马的郊区；意大利人文主义者莱杜斯丈量城市，一面访察一面做笔记，写下15世纪最出色的地形学评论。

文献学大为兴盛，成绩斐然

学者的探索热情，首先投向手稿。为了寻找手稿，他们跑遍欧洲，到修道院去搜索有价值的典籍，把内容抄录下来，有的甚至翻译出来。文艺复兴时期的教皇尼古拉五世带着大批抄写的人到处寻访古籍。在君士坦丁堡落入奥图曼土耳其人手中以后，他责成属下务必弄到古希腊手稿，不惜任

梵蒂冈图书馆的阅览室，这是17世纪初的绘画。

何代价。在担任教皇的8年中,他增加梵蒂冈图书馆的资金。这个图书馆因为藏书5000册,成为欧洲第一个大型图书馆。他手下的几位文献学家和波奇·布拉乔利尼致力于翻译和解释典籍,以便制定较好的典籍版本。因此,人们得以重新认识公元前1世纪的哲学家卢克莱修,1世纪的诗人奥维德、斯塔提乌斯,历史学家李维,以及教师昆体良等文人。其中,建筑师维特鲁维乌斯的著作《论建筑》,既影响了文艺复兴时期的建筑——比如对卓越的建筑师帕拉迪奥的影响——又改变了大家对古代纪念建筑的理解。建筑学家阿尔贝蒂根据维特鲁维乌斯的数据,和他自己发明的数学器械,测量古建筑,并做出准确的记录。他的《罗马图景》有许多插图和数字,不仅描述纪念建筑,而且分析建筑结构。

> "在抄写典籍的人当中,那些懂希腊文的人最为吃香;他们人数很少,索价高昂……尼古拉五世时代,在罗马的抄写人大部分是德国人和法国人;就像意大利的人文主义者所称呼的那样,这是些'野蛮人'。"
>
> 布尔克哈特
> 文化艺术史家

> 维纳斯在罗马的万神庙里占了一个重要位置,罗马则要到哈德良皇帝治下(117—138)才变成帝国的保护神。维纳斯暨罗马神庙是当时国家的宗教和政治中心,神庙的柱廊傲视古罗马广场和竞技场。15世纪,这座建筑成了一片废墟;左页帕拉迪奥的画让人看到的,不是古建筑修复后的模样,而是一种理想的实现。

拯救石碑上的铭文

这个时期,人们除了研究古代文稿,还研究碑文,比如卢塞莱的《罗马城》就

是将描绘城市和碑文研究结合在一起。为了拯救石碑上的铭文,学者努力不懈,眼看新建筑就要取代旧建筑,他们又焦急又担心,生怕碑文就此消失殆尽,不留痕迹。1430年,波奇·布拉乔利尼出版了"Sylloges"系列,搜集了异教和基督教的碑文。在以后的几个世纪中,由于印刷术的发明和出版家的热情,这类集子非常风行,18世纪和19世纪的学者甚至将这些集子分类。这些著作都尽可能收集资料,但在匆忙之中,往往出现错误,比如忽略了标明碑文发现的日期、发现的地点、出土残片大小等,甚至有些资料完全是捏造的。

哈德良皇帝的古陵墓,也就是圣使古堡,在3世纪时改建成堡垒,并入奥理略大城墙之内。在16世纪以前,它的防卫能力不断加强。1527年罗马遭劫时,教皇克列门七世利用了连接梵蒂冈的加固通道,逃到堡垒。

人文主义者的复古行动,是不是一种异端?

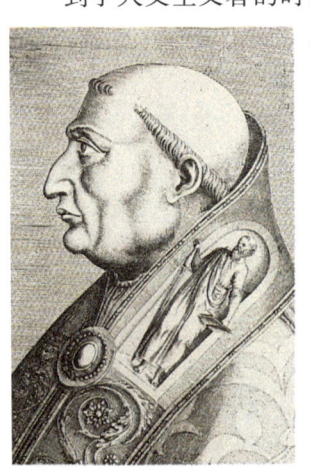

到了人文主义者的时代,掀起一阵仿效古典的风气。写地形学文章的莱杜斯,在家中存放了大量的碑文、货币和大理石残片。他将朋友和门徒聚集在一起,创立罗马学院,聚会模仿古人奢侈的宴会方式。有时,学院在隐秘的地点集会,比如地下墓穴,现在还可看到这些人在墓穴墙上乱涂的词句。每一个受到邀请的人,都

起了一个古人的名字:莱杜斯取了马克西缪斯的名字,这是古罗马宗教领袖的谥号,同时也是"教皇"的拉丁文译名。后来,罗马学院被揭发出来,引起教皇保罗二世的不安:莱杜斯是不是异教徒?他组织异教者的宴会,朋友又是共和党员,难道是在策划阴谋?1468年的狂欢节时,这个团体的20个成员被逮捕,并被囚禁在圣使古堡的监狱里。莱杜斯起草了一份辩护词,申明自己是无辜的。在这个诉讼案件里,教会把人文主义者的复古行动,看作是异端。

没有证据可以说这些博学之士有罪,但是教会指责他们罪大恶极;地下墓穴的集会、墙上的涂画,乃是最高机密。莱杜斯一经释放,马上恢复了大学里的教职。西克斯图斯四世甚至允许他重新建立学院。许多学者都加入学院。但是,1527年罗马遭劫,这一异教色彩过浓的聚会因而寿终正寝。

文学典籍和碑文有时互为补充。这块青铜版是在1528年发现的,录下了克劳狄皇帝在罗马元老院支持高卢人的演讲;1世纪的历史学家塔西佗在他的《编年史》中也提到了这篇演讲,青铜版恰可证实塔西佗的叙述。

有文学色彩的地形学

这个时期,研究古代城镇的地形学蓬勃发展,莱杜斯对古代建筑十分了解,堪称是这门学问的专家。中世纪时,研究古代地名学的风气不盛;15世纪的人力图重建地名学,并在中世纪的传说背后重新找到现实的面目。波奇、鲁塞莱和比翁多三人,是最早把典籍、碑文和遗迹放在一起比较的学者。比翁多的著作,从书名《重建罗马》就显示了这些新地形学家的企图:借由知识渊博的描述来振兴罗马,和实际上的重新修建一样必要。比翁多的第二本书《胜利的罗马》,是一部描写罗马古物的著作。此外,比翁多也

> "艺术家可以从野花……或者从其他所谓怪诞的题材中汲取灵感……其实怪诞这个词并不妥当,因为古代艺术家本来就喜欢综合山羊、母牛和母马的形状,构成魔鬼,或者把各种叶子形状混合起来,创造出各种妖怪形象。妖怪才是它们真正的名字,远比怪诞来得合适。"
>
> 16世纪意大利雕刻家
> 塞利尼
> 《自传》

热衷于研究遗址。他尤其赞赏信奉基督教的、"胜利的"近代罗马。他觉得近代罗马的伟大,可以延续这

"金屋"里满是绘画的穹顶,由17世纪的艺术家巴尔托利所画。

个古城的壮伟。

然而,对于15世纪的地形学家来说,古代文献比其他的材料更有用。当时的考古学还不是一门科学。在罗马的土地上,一般人不去进行科学上的探索,只是一味寻找宝物,唯有爱好考古的人用文字把

重大发现记录下来。这些业余考古者所编纂的只能说是目录集,并不对历史做回顾思考。同样的,艺术家在寻找典范,记录他们的发现。直到16世纪末,才出现将找到的物品记录下来的著述。

"金屋"的怪诞图案出土,艺术即将变化

16世纪初,在竞技场附近的奥皮亚山冈上做工的工人,深入到一些地洞中;地洞的穹顶装饰着壁画和灰泥浮雕。这些地洞就是"金屋"的画廊,是第一批被发现的大厅。"金屋"是尼禄皇帝于64年的大火灾后,在废墟上建造的巨大宫殿。尼禄死后不久,这

朱利乌斯二世自认为是恺撒家族"gens Julia"的后裔,这个家族的祖先是维纳斯的儿子厄奈。

《拉奥孔》雕塑被发现以后,所有艺术家击节叹赏:他们加以描摹,认为这是古代艺术的杰作。左图这幅画是16世纪的意大利画家费德里科·祖卡里所画。不过,新近在罗马南部斯佩尔龙加的发现,却使人认为《拉奥孔》不是罗马的雕塑原作,而是一件大理石仿作,模仿希腊化时代的青铜作品。

座宫殿被图拉真广场覆盖了,皇宫并没有马上被鉴别出来,人们以为这些画廊一直在地下,称它们为"岩洞",而把廊上的阿拉伯式图案和神话人物称为"怪诞图案"。

发现了绘画,对文艺复兴时期的艺术产生重大影响,艺术家开始用绘画来装饰宫殿。拉斐尔也从那些绘画中汲取灵感,装饰梵蒂冈皇宫宽敞的长廊。从这些壁画中,世人首次以"彩图"的方式看到古代。赫库兰尼姆和庞贝城的绘画,要到两百年以后才重见天日。

艺术杰作《拉奥孔》引起觊觎

"金屋"藏有取之不尽的财富。仅仅在1547年,就发掘出25尊塑像;但是,最重要的杰作是在1506年找到的。这块地的主人发现了一组塑像,塑像表现的是两个孩子和父亲被一条蛇缠死:这就是《拉奥孔》,古罗马作家老普利纽斯口中的"艺术杰作"。建筑师德·桑迦洛和米开朗琪罗二人,奉教皇朱利乌斯二世之命到现场,评语和普利纽斯相同。当时的人认为,这组杰出的塑像似乎"散发出不朽的气息"。朱利乌斯二世将之占为己有,而且把这件杰作运到梵蒂冈的观景殿中。

《拉奥孔》闻名遐迩,1515年,法国国王弗兰西斯一世在马里让战役获胜后,要以它为战利品。教皇利奥十世不肯让出,秘密叫人复制塑像。不过,无论是原作还是复制品,都没有送到法国国王手中。1797年,《拉奥孔》被法国人当作战利品运走,拿破仑垮台以后,终于又归还给梵蒂冈。

梵蒂冈观景殿和卡皮托利尼丘两处,收藏了最早的一批古物

《拉奥孔》被送到梵蒂冈观景台,和第一尊异教塑像——美妙绝伦的阿波罗放在一起。利奥十世再配上尼罗河和台伯河的雕像组,这两组雕像是在万神庙后面发现的。16世纪的阿德里安六世和庇护五世敌视古代文化,下令关闭博物馆,甚至卖掉了几尊塑像。尽管有这些教皇反对,收藏艺术品的脚步并没有停下来。

梵蒂冈观景殿的花园,不是唯一收藏古物的地方。在卡皮托利尼丘的储藏大楼中,西克斯图斯四世开放了第一个现代史博物馆:1471年1月18日,在开幕式上,可以看到《拔刺者》《古代牝狼》《吞吃马的狮子》。英诺森八世后来叫人放上君士坦丁皇帝的巨大头颅。这些塑像获得众人的赞赏。欧洲的君主和艺术爱好者,叫人制作出复制品。1540年,弗兰西斯一世派往罗马的意大利画家普利马提乔,带回一百多箱模制品和大理石雕塑。西班牙的菲力普二世委派委拉斯盖兹把梵蒂冈观景殿的塑像都描画下来,

16世纪中叶,罗马的私人收藏馆已经超过90个。当时的目录册能让人领会收藏古代艺术品的重要意义,比如阿尔德罗万蒂作于1576年的目录册《罗马城的文物》。这种收藏热已经蔓延到豪门世家,把巨宅变成博物馆。这个由海姆斯凯尔克描绘的庭院,利用现代建筑安放塑像和其他古代艺术品。

以便用复制品来装饰马德里的王宫。

收藏热推动了考古学的发展

找到第一批艺术品之后,罗马人和异邦人大受鼓舞,开始往地下搜索,四处挖掘,要唤醒所有埋在地下的石像和大理石残块。

在每一座大厦中,"画廊"还有"艺术品陈列室"变成了私人博物馆,一堵堵墙壁全部嵌上了大理石浮雕。在废墟之上建造金碧辉煌的住宅,更是品味出众的体现。欧洲各国纷纷派使节来到罗马,以了解发现艺术品的情况并购买艺术品。柱子、大理石残块和塑像就这样大批出口。

君主和教皇也迷上考古学,对考古学贡献不小。法尔内塞家族延聘的考古人员,从卡拉卡拉公共浴池广场挖掘出赫克力士塑像,高三米多,还挖掘出《公牛》群像、《花神》和镶嵌画,并在古代贵族的花园中找到许多杰作。从利西尼花园挖掘出来的赫克力士、维纳斯、医药神阿斯克勒庇俄斯、历代皇帝的胸像,装饰了朱利乌斯三世的行宫——久利亚别墅。1582年,在拉米亚的花园里,发现了《阿尔多布郎丁的婚礼》组画,一幅罕见的古代大型绘画。在萨吕斯特的花园,也就是古代最大的花园中,发现了一个女神的巨大头颅,极可能是一尊维纳斯像。塑像的底座(吕多维齐宝座),直到18世纪才被发现。也就是在这些漫无目标的搜寻中,大约3世纪时绘制在大理石上的罗马地图,于1562年重见天日。这个发现有多重要,当时还没有人知道,要到下一个世纪,这张地图发表之后,罗马地形学研究才迈入一个决定性的阶段。

罗马地图,在205年至208年间制成,从5世纪起,遭到多次破坏。残片最早是在1562年5月根据瓦卡的文章找到的。

奥古斯都的陵墓形似鼓,直径达87米,上端是圆锥形的土丘,土丘上种了树,竖立着皇帝的塑像。

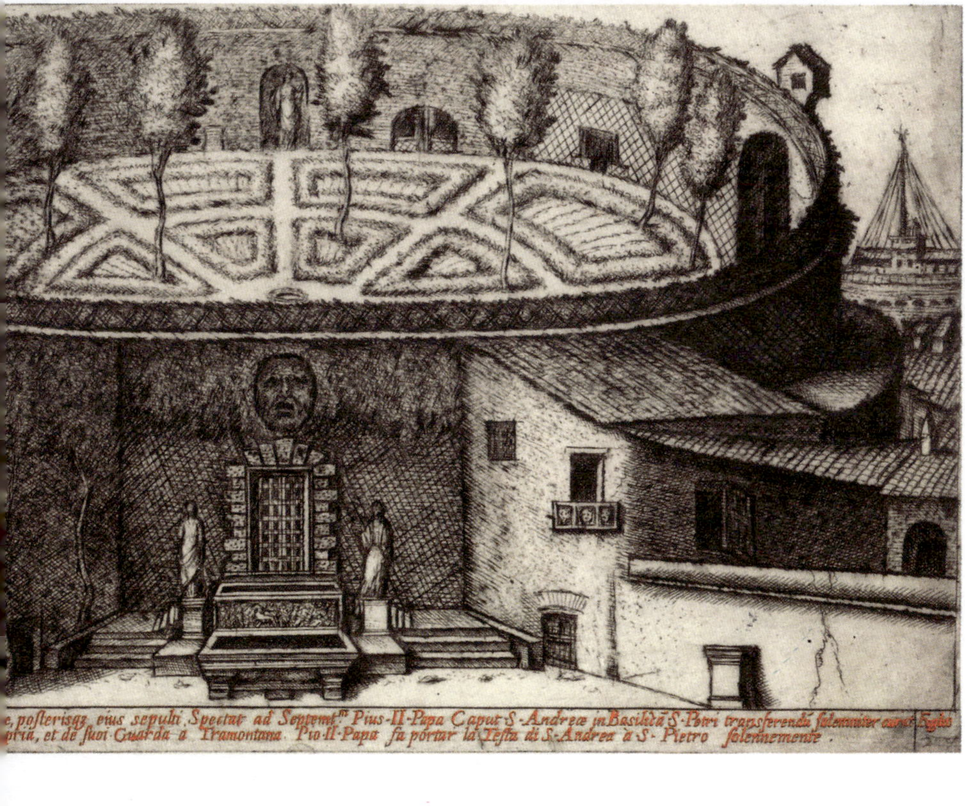
e, posterisqz eius sepulti Spectat ad Septemt.m Pius·II·Papa Caput·S·Andreæ in Basilicā S·Petri transferendū solemniter curat
ptia, et de suoi Guarda a Tramontana Pio·II·Papa fa portar la Testa di S·Andrea à S·Pietro solennemente.

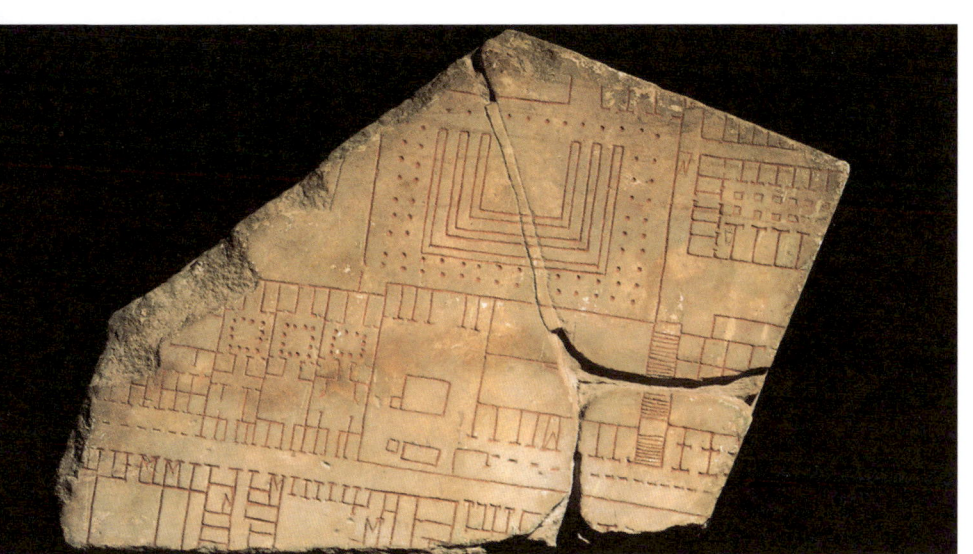

由于大工程施工,新发现一个接一个

开凿莱奥尼纳大街时,找到了奥古斯都陵墓的残块。这个皇陵建于罗马帝国初期,到了12世纪几乎被破坏殆尽了,在13世纪重建。1568年,附近又挖出和平祭坛的一部分,这是公元前9年由奥古斯都建造的,体现了罗马雕刻的黄金时代。直到19世纪和20世纪,祭坛的其余部分才被挖掘出来。意大利有一处很美的考古遗址,哈德良皇帝的别墅也是几次挖掘才全部出土的。

哈德良皇帝派人在离罗马约25千米的蒂沃利附近,建造了一座壮丽的宅邸。据15世纪的参观者说,"就像城市一样大"。大宅的每一处都标记着罗马帝国一个著名地点的名字:学院、卡诺普别墅、佩西尔别墅,甚至还有地狱!从图书馆可以穿到海洋剧院,从花园可以穿到塞拉皮神庙,从大广场可以穿到小浴室。但是,就像尼禄的"金屋"在尼禄死后即成废墟,哈德良去世后不久,他的别墅也被弃置不顾了。

黎戈里奥的地图表现了哈德良别墅的复杂构造。左页下图根据哈德良皇帝的设计图画成,建筑与自然景物融为一体。

美丽动物的镶嵌画。这幅鸽子镶嵌画,是在哈德良别墅里找到的。

16世纪中叶，人们绘制了越来越多的罗马地图：其中，布法利尼1551年的地图和唐佩斯塔1593年的地图是最著名的。这里的黎戈里奥考古地图，近似一幅罗马鸟瞰图，以雅尼库伦丘为起点。从图上可以看出主要的地点，如巴拉丁丘、古罗马广场、卡皮托利尼丘和古代纪念建筑物的废墟。

16世纪的人,在保护废墟和使罗马现代化之间,踌躇不决。1585年至1590年之间任教皇的西克斯图斯五世(上图),起用建筑师丰塔纳(右页右上图),设计一幅城市化的地图,为了让视野更加开阔,必须拆毁许多古建筑。

黎戈里奥:地形学家兼古物研究者

考古学家黎戈里奥首先探索了哈德良别墅。他受红衣主教德·埃斯特之托,要找到大理石、铺路石和艺术品,以便在蒂沃利建造别墅。黎戈里奥把别墅彻底搜索了一遍,写成《富丽堂皇的哈德良别墅全貌》。

黎戈里奥是16世纪一位优秀的考古学家。尽管他有时会杜撰自己不知道的事,但是他的许多推断倒是正确的。他的《古董词典》和罗马考古图,显示出他优异的考古学天分,从而获得庇护四世的青睐,被派去监察纪念建筑物。

从黎戈里奥身上,可以看到这个时代的矛盾:这个时代的人焦急地要复兴罗马古城,同时又力图使罗马现代化。他一方面提议在原地保存出土的遗址;另一方面,眼见破坏不止,他又无能为力。他在谈到奥古斯都凯旋门时说:"有人挖掘出柱子和别的东西时,我看到了无法想象的事情:这座建筑的大部分装饰被卖掉了,仿佛在牛市上卖牛一样……无知或怀着恶意的人把墓志铭给糟

踢了……我噙着眼泪，无法多说。"

为了使罗马现代化，历代教皇封闭古建筑

这是个破坏的时期。1471年12月17日，西克斯图斯四世颁布了一项敕令，允许梵蒂冈图书馆的建筑师挖掘任何地方，以便找到石碑等文物。在亚历山大六世时期，教廷议会竟要拍卖古罗马广场和竞技场。对城市破坏最严重的

1590年5月，从1506年开始兴建的圣彼得大教堂圆顶终于建成，现代罗马逐渐成形。

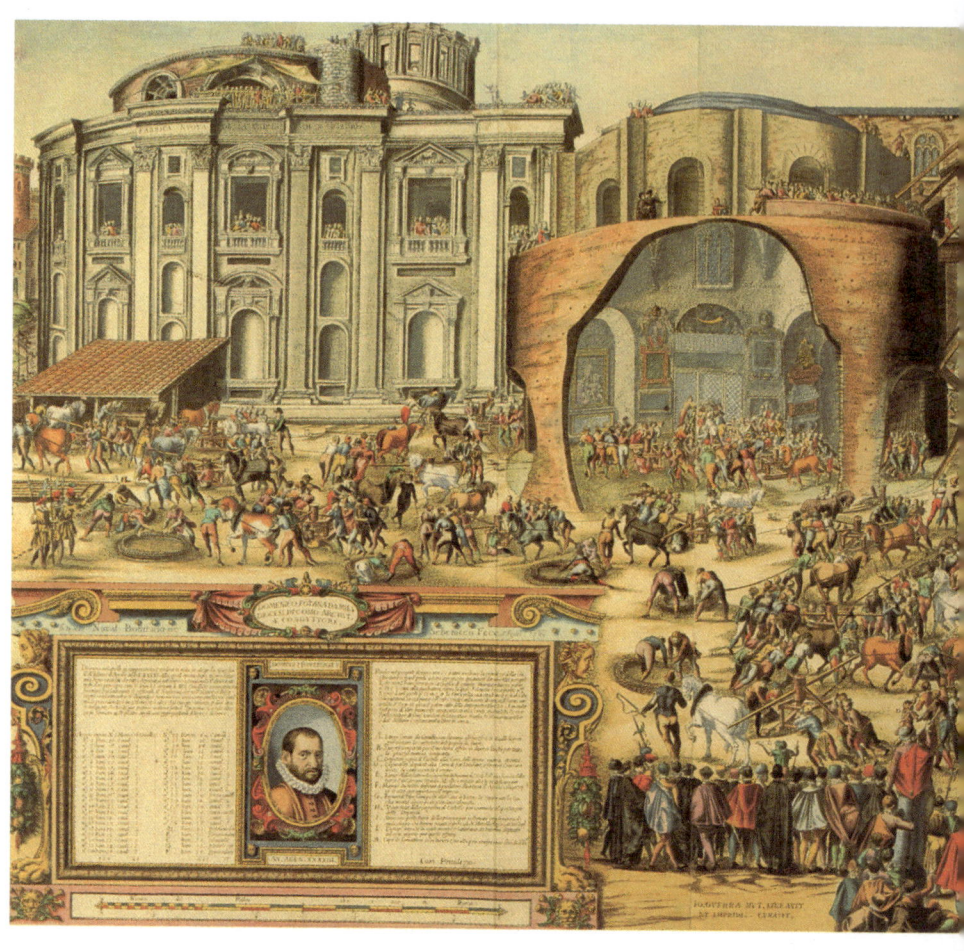

是建造圣彼得教堂：为了建教堂，拆毁了不少建筑，比如，1540年7月22日，教皇保罗三世封闭了古罗马广场。在此之前，一直是由市政代表、道路视察和教廷议会批准挖掘工作的，如今让盖新教堂的人全权处置。教皇格利高里十三世不顾反对，批准这项措施，还把这一措施实施的范围扩大到奥斯蒂亚和波尔托两个罗马的旧港。最后，在16世纪末，西克斯图斯五世和他的建筑师丰塔纳毁掉了一些壮美的遗址：三分之

必须花六天时间，动用100个工人，才能把尼禄竞技场的方尖碑平放下来。而且，还得花上整整一个月，利用巨大的铁制鹰架和又厚又长的门板，每一块门板要用14头牛来拉，才能移动这块方尖碑！

一的戴克里先广场、一部分克劳狄的引水渠、塞威鲁的七层塔,以及许多古代基督教的建筑或者中世纪的建筑。这些建筑包括了历代教皇在拉特朗的古老宅邸,宅中有很多祈祷室、小教堂和镶嵌画;还有教皇伊拉鲁斯在5世纪时建的圣克罗齐祈祷室,祈祷室里有柱廊、喷泉、罕见的大理石盛水盆,以及黄金镶嵌画。

最后,在1586年9月10日——只需要一天工夫——圣彼得广场上竖起了方尖碑,人群寂静无声。石碑高25.36米,安放在一个巨大的底座上,四周围绕着14头青铜狮子。

画家拉斐尔担任古物专员

接下来的几代教皇开始竭力保护纪念建筑,破坏文物的人被处以罚款,限制大理石输出和买卖古董,并严密看守遗址。1515年,拉斐尔担任古物专员,任务是防止碑文受到破坏。在这方

面,拉斐尔不是很有成效,但是他确实增进了大家对罗马地形的认识。拉斐尔挑选了一些有才干的人合作:墓志铭学家马佐乔、古物研究者卡尔沃和富尔维奥。他们决定制作一张罗马的考古地图,致力于"恢复罗马的古面貌、原来的面积和各个部分的比例"。1520年拉斐尔死后,朋友继续他未竟之业。1521年,马佐乔发表一本碑文集;1527年,卡尔沃发表一份罗马地图;富尔维奥也发表了《罗马文物》。

"我把火枪对着意外遇到的一群人,这群人较为密集且顽强。我瞄准了正当中一个在格斗的人。我看到他指挥其他人。我迅速转向亚历山德罗和塞希诺,命令他们开枪射击,并小心避开对方的火力。当我们每人开了两枪以后,我小心翼翼地越过墙头观看,发现敌人乱成一团:我们打死了波旁。

塞利尼
《自传》

罗马遇劫,阻碍了考古学未来20年的发展

1527年5月6日,查理五世的军队占领罗马,将罗马劫掠一空。这场劫掠是罗马的大灾难,考古学因而中断。1527年末,经历了一段时间的搜刮和渎神行动之后,古怪的寂静笼罩全城。当时的人写道:"听不到钟声,教堂都关了,不再做弥撒。"同时,精神活动也受到限制。20年后,马尔利亚诺着手写《罗马地形学》,推动考古学。这时,地形学研究才因他和黎戈里奥的工作,以及发现地下墓室,而得以恢复。

1527.
BORBONE OCCISO, ROMANA IN MOENIA MILES
CAESAREVS RVIT, ET MISERANDAM DIRIPIT VRBEM.

"据我们所知，近代有关劫掠罗马的画已经一幅不剩。至于这一幅，画的是在这件事发生之后的情景，城市地形的绘制利用了多少有些错误的小型碑文，施暴的小场面和某些军事设施作为衬托，令人回想起1527年的劫掠情景。"

沙斯泰尔
《罗马劫》

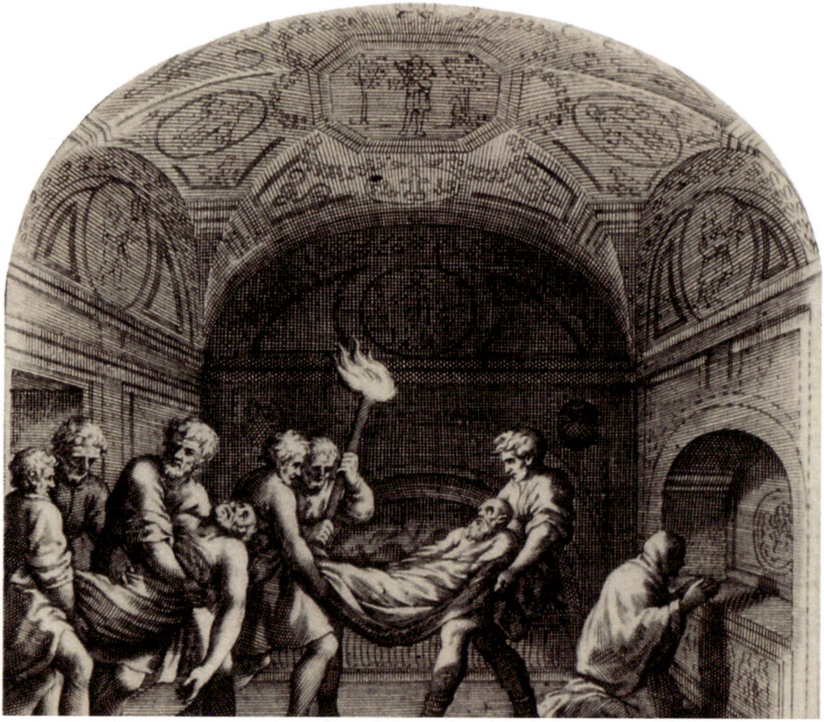

罗马郊区的地下，埋藏着无人知晓的城市

富尔维奥的《罗马文物》第四卷和第五卷，描写基督教的大教堂和墓园。在他之前，波奇·布拉乔利尼、安柯纳的西里亚库斯和韦吉奥等人，搜集过基督教的碑文。不过，要到16世纪下半叶，教会史才在内里的奥拉托利会中发展起来。就在奥拉托利会中，潘维尼奥等人研究了早期基督徒的丧葬仪式。这些研究最大的缺陷是缺少考古的证据。事实上，几乎所有的地下墓室都还埋在地底下，无法进入，也无法挖掘。为了恢复古代基督教的历史，必须创造一种新方法，而挖掘工作当然更不可少。1578年5月31日，某个葡萄园开工时，土地塌陷，一个地

这些版画是《罗马的地下》中的插图。博齐奥在书里叙述了早期基督教的殉难者以及他们的葬仪。

下墓地浮现出来。这个地下墓地用绘画以及希腊文和拉丁文的碑文装饰起来,而且藏有圣食。

这个古迹吸引了上千个好奇的人。西班牙人夏柯尼奥领导挖掘工作,但挖掘得不太深。他叫人复制出土绘画。几年后,学者博齐奥才把这项发现工作进行到底。

博齐奥发现地下墓室

1593年,当博齐奥第一次进入地下墓室——阿尔德亚蒂纳街的多米蒂尔地下墓室——时,只有18岁。博齐奥和几个朋友进到这个巨大的迷宫中,被这儿的神秘气氛和静谧所吸引。他们在地底下毫无顾忌地往前走,地道四通八达,迂回曲折,反射在石壁上的蜡烛光,令这些访客印象深刻。突然,四周一片漆黑。他们以为必死无疑,想到自己的尸体要玷污这个神圣的地方,不禁不寒而栗。经过48小时的摸索,他们终于找到了出口。他们心想,下次不带足蜡烛,绝对不能够再这样探索……这次经历过后,博齐奥大受震撼,立定志向,投身于探索地下墓室的工作。他在巨著《罗马的地下》中,描述了所有的地下墓室和里面的绘画。这本著作直到他去世后,才于1634年出版。博齐奥在书中写明地形种类、挖掘之间的比较、文本和碑文,反映了基督教考古学的进展。但是,博齐奥仍未能超越16世纪的著作,因为他缺乏批判性的方法。不过,《罗马的地下》把罗马描绘成一个神圣的大墓地,读了仍能带来兴奋。

天主教和改革派在争论自己对教会信条和早期的宗教仪式是否忠诚时,就搬出博齐奥的著作,两派在争论中见解对立。本来争论仅仅是由文本引起的,发现地下墓穴则带来事实方面的争论。

罗马遗址引起考古学家的热情,也触动了人们挽歌式的感伤,同时,也为风俗画提供理想的背景。这幅画已经看不出古罗马广场的著名建筑何在:塞威鲁凯旋门,提图斯凯旋门,君士坦丁和马克桑蒂乌斯大教堂,安东尼努斯和福斯丁娜神庙,塔布拉里恩。在图中右侧勉强能看到三根柱子,直到19世纪人们才认出这是韦斯巴芗神庙。这幅景象和这幅画的魅力,在于废墟、大自然、人的活动之间和谐一致,在于一种美妙的慵懒情调。17世纪的法国画家普桑或18世纪的画家罗贝尔的风格也是如此。

有一种风气流行起来:
艺术家喜欢古代的题材。
启蒙时代,
罗马及其遗址成为一个朝拜圣地。
"古董热"遍及全欧洲,
富有的收藏家创立博物馆,
而温克尔曼奠定了艺术史的基石。

第三章
从私人收藏到艺术史

塑像的头、浮雕、残块堆积在地,经受了岁月的摧残。右图是卡皮托利尼丘上的宙斯孪生子像,是18世纪时很受赞赏的雕塑作品。

在博齐奥之后,基督教的考古学停滞不前。往地下墓室的挖掘成果很少,即使如此,人们还是努力寻找圣物和财宝。17世纪和18世纪,学者致力于发表新发现的碑文,评点古籍。天主教本笃会的修士马比荣就是在此时发现了《安西埃戴恩路线图》的。法国学者蒙福孔发表了教会神父的著作,以及基督教考古学文物来源汇编。缪拉托利出版了他对艺术家帕皮里家族的评论,包括一份6世纪时圣格利高里一世时代的圣物名单。

异教的考古学延续了文艺复兴时期的做法。他们在兴建浩大工程时,挖掘出金币和银币、镶嵌画和浮雕,还挖掘出塑像。各个教皇有关挖掘的敕令,都只是要增加自己的收藏。克列门十四世决定,发现的文物由四家瓜分:教皇、教廷议会、土地所有者和出资襄助工程的人。

古物交易变成了有利可图的活动

收藏热及其必然结果——交易,就这样成为"考古学家"的首要动机:为了卖一些古物或者复制古物,英国人汉密尔顿和詹金斯在1767年挖掘了哈德良别墅,1771年挖掘了阿皮亚大道。修复杰作同样有利可图。没有人在乎文物的真实性:当时的人把不同的塑像残块随便凑在一起,就弄出阿波罗像、维纳斯像或者戴安娜像。所有的外国人都抱着进博物馆的心情,去参观卡瓦塞皮的工厂——卡瓦塞皮是最灵巧的罗马文物修复者。

英国人最爱购买古物,最著名的是博伊尔和伯林顿伯爵。他们在1735年创建了文物爱好者协会。这是第一个古董家协会,它资助考古著作的发表,并引领了到英国和意大利旅行的风尚,就是所谓的"长途周游"。法国人和德国人也染上"文物癖",纷纷涌向罗马和意大利。

"英国人在意大利什么都掠夺,油画、塑像无一放过。但是,英国人拿走的很少是好东西。"

孟德斯鸠

卡瓦塞皮(左页上图)个人拥有一批古代艺术品的收藏。在温克尔曼的影响下,他创设了一种修复的新方法,这种方法尊重风格、时代和原来的材料。由于有了他,修复工作算是过关了。

文人搜集古籍,艺术家也在搜集古代雕塑和装饰用的油画。艺术家的画室成了艺术品陈列室,一种"studio"(工作室)。意大利画家瓦萨里这样描述一个雕塑家的住处:"里面摆满了许许多多艺术品,简直是奇观。"这些艺术品有古代的、现代的,包括大理石塑像、青铜制品和画。艺术品,尤其是古代艺术品,不仅是创作时期的典范,还是获得社会尊重的资源。在17世纪和18世纪,古代艺术品的价值获得肯定:红衣主教和王公显贵争着要买下华丽的作品。

著名的收藏家

文艺复兴时期的华宅美厦,流行用文物残片当装饰。18世纪时,为了安置大型的收藏品,建造了一些博物馆。教皇克列门十一世的侄子、红衣主教阿尔巴尼在萨拉里亚街建了第一座别墅博物馆:方尖碑、圆柱、石棺、塑像、皇帝的胸像,散置在灌木、意大利五针松和喷泉中,内室的墙上镶嵌着浮雕。希腊神话人物,如建筑师戴达罗斯和儿子伊卡洛斯、阿波罗、狩猎女神戴安娜、音乐家奥菲斯和妻子欧律狄,在这里都看得到。1763年,建筑家马乔尼宣布大功告成,有人说阿尔巴尼别墅是"一座仙宫"。

建筑师安东尼和马里奥·阿斯普鲁奇,替博尔盖兹的一位亲王将潘洽纳别墅改建成文物博物馆。这座博物馆在一个大花园中,园里有若干仿制的遗址:

在博尔盖兹别墅的花园深处(左页下图),陈设了古代塑像。1613年至1615年,建于花园内的赌场,后来被修复完善并扩大了,阿斯普鲁奇家将所谓的"私人收藏之后"安置其中。在法国占领意大利期间,收藏品大大减少了。今天,博尔盖兹别墅是罗马最大的公园,而赌场则属最美的博物馆之列。

一个运动场、一座戴安娜神庙、一座医药神阿斯克勒庇俄斯神庙。

庇护—克列门博物馆，有什么买什么

18世纪时，教皇克列门十四世和庇护六世，在梵蒂冈建立了庇护—克列门博物馆，每年开放一次。庇护六世不在乎花费：他向卡瓦塞皮、詹金斯和汉密尔顿购买文物，

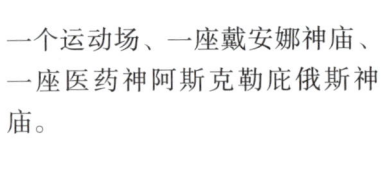

把许多建筑的塑像罗至名下。他从圣使古堡攫取哈德良的胸像、智慧女神密涅瓦像,从拉特朗攫取君士坦丁大帝之母——圣海伦娜的石棺。他把优先购买所有发现文物的权利归于自己。庇护六世在当教皇期间搜集到三百多尊大理石像!庇护六世身边,有一批优秀的经纪人和顾问,比如吉安·维斯孔蒂和儿子埃尼奥两人

庇护一克列门博物馆由克列门十四世(1769年至1774年在位)建造,庇护六世(1775年至1799年在位)加以扩充。庇护七世(1800年至1823年在位)时期进一步扩展,设立了夏拉蒙蒂博物馆。这幅壁画正是以博物馆为主题的寓意作品。

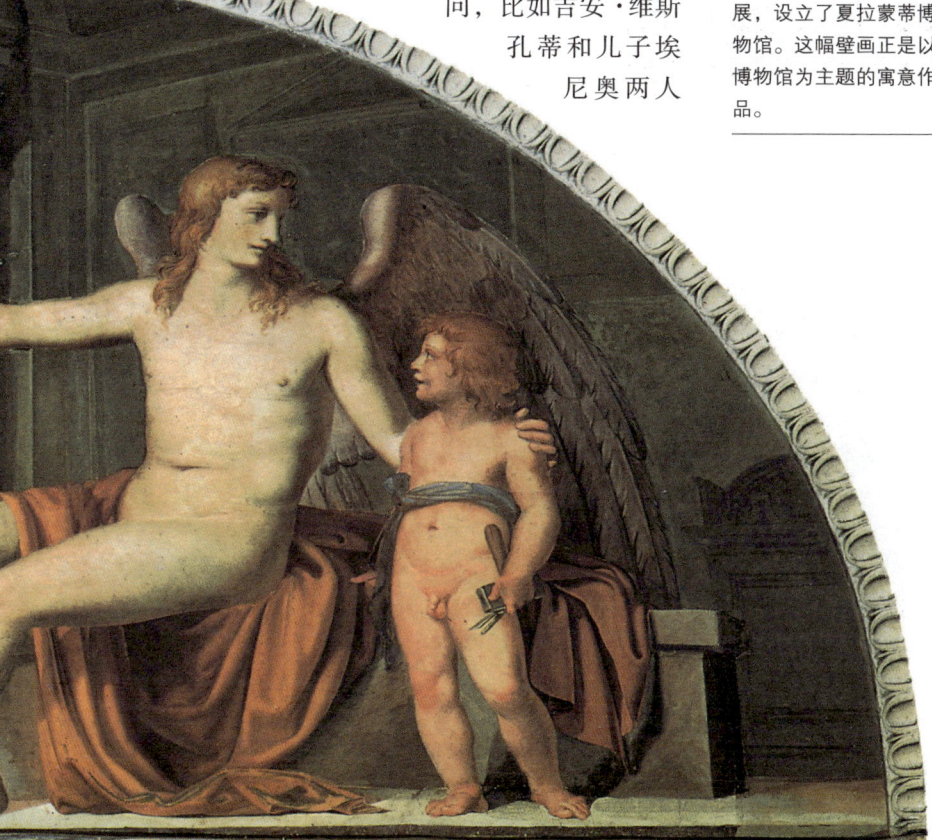

编纂了博物馆的目录,一共七卷,内容丰富,证实了梵蒂冈收藏品果真名不虚传。

教皇在罗马周围的拉丁姆组织挖掘工作。在罗马的旧移民区新卡斯特伦,发现了塑像残块、碑文和尼禄时代的金币;在萨洛纳,发现了沐浴的维纳斯,这尊塑像今日收藏在梵蒂冈。在位于罗马附近的奥特里柯利,几乎挖掘出来一座古城,城市平面图也绘制出来了。

现在斯奇比奥家族墓地的入口(左图)面向阿皮亚大道,但是,之前建筑的正面(右页上图皮拉内西的版画)是朝西北方。今天,这座坟墓只剩下一小部分。

发现了斯奇比奥家族的墓穴,原来罗马人已知道土葬

1780年5月,在圣塞巴斯蒂安城门对面的地下,发现了好几个放着石棺的房间。这个坟墓属于罗马的斯奇比奥家族,他们在公元前3世纪,因征服迦太基人首领汉尼拔而名。

最先吸引参观者目光的是最古老的石棺,也就是巴尔巴图斯的石棺。他在公元前298年征服萨谟奈人和埃特鲁斯坎人。墓志铭颂扬了他的功绩:"克纳厄斯之子,巴尔巴图斯,骁勇而明智……他在萨谟奈俘获了托拉齐亚和奇索纳,征服了整个卢卡尼亚并带回了人质。"

这个迷宫似的坟墓被完全挖掘出来以后,又找

巴尔巴图斯的石棺　69

在阿皮亚大道上、圣塞巴斯蒂安城门后面，有一幢庞大的建筑，共有三个毗连的大厅，里面有上千个壁龛，用来安放骨灰瓮。上图是皮拉内西的版画，充分表达了进入坟墓时所感受到的庄严肃穆。19世纪，又在这条阿皮亚大道上，圣塞巴斯蒂安城门前面，发现了其他骨灰的存放所，比如希拉斯骨灰存放所，规模虽小，却装饰得很富丽，另外还在柯迪尼古葡萄园发现好几幢建筑。

到了十来个石棺,都是公元前3世纪至公元1世纪之间的文物。庇护六世下令,将巴尔巴图斯的石棺和碑文搬到庇护—克列门博物馆。其余的石棺砸碎,陪葬的家具卖掉,而尸体则散落各处。

17世纪的人仍认为,在罗马帝国早期之前都实行火葬。1777年发现的奥古斯都"圣地"支持这个论点,皇帝、皇族和前几任继位者的遗体都在这里被焚化。但是,斯奇比奥家的坟墓提供了反证:罗马人知道土葬。后来的发现证实,这两种葬仪同时存在,有时同一个坟墓中既有骨灰瓮,又有石棺。

由于查理五世将要经过罗马广场,教皇保罗三世便在此修筑凯旋大道。就在那时,保罗三世兴起了在巴拉丁丘上盖花园的念头。选择在罗马历代皇宫所在地的山冈上建花园,政治意义重于其他:教皇更希望突显自己是罗马人真正的君主以及精神导师。

图密善宫的遗址

在古代,巴拉丁丘是皇宫所在地。中世纪以后,葡萄园和牧场就覆盖了巴拉丁丘山头,皇宫废墟散布其中。1535年,保罗三世,即贵族法尔内塞,买下了一部分山头,以古代建筑为地基,修建了一座华丽壮观的别墅,一面是一座花园,今日还可以看到它的遗迹。法尔内塞家族衰败后,新主人帕尔马公爵在巴拉丁丘一面种植香柠檬、葡萄,一面狂热寻找财宝。从1720年起,帕尔马公爵弗兰西斯一世,下令全面搜索山头。这次搜索由德·桑蒂和苏扎尼伯爵领导,皮安西尼负责统计工作。

工程局限于山头东南方的建筑正面部分,也就是弗拉维安旧宫的一部分。这个皇宫是在公元前82年至96年时,由图密善皇帝建造

这枚塞威鲁时代的钱币,刻的是一座竞技场形状的建筑。这是图密善运动场,建于公元1世纪末,今日是纳沃那广场,在P.P.(国父)两个字母下面,画的是比赛时的场面:上边是赛跑和摔跤,下边是拳击,当中是宣布胜利者并戴桂冠。

的。这次工程挖出了三个富丽堂皇的大厅：一个半球形穹顶的大教堂；一个君王的大厅，有16根带凹槽的大理石圆柱和12个壁龛，以容纳12座黑色玄武岩的巨大塑像；最后是"家神龛"。在这个大厅里，有一块暗色的石头，高约一米，呈圆锥尖顶形。当时没人能理解是什么用意。也许这就是所谓的"黑石"，象征稼穑女神西贝尔，也就是叙利亚黑圣母。公元前3世纪末，这块石头运到罗马，以防迦太基人进攻带来的危险。

这座金碧辉煌的宫殿，与其说是经过仔细搜索，倒不如说是被劫掠一空。大门两侧带凹槽的圆柱，后来散失了；桃檐和雕刻也都不见踪影。浮雕经

法尔内塞花园绿树成荫，喷水池和古代塑像散布各处，巴拉丁丘（右页上图）和法尔内塞花园一样，是18世纪考古学家活动的中心，后来是富有浪漫情调的散步场所。

从大竞技场通往提图斯凯旋门的大道上,矗立着罗马最大的凯旋门,一座君士坦丁在312年密尔维奥桥大捷后建造的凯旋门,以纪念在皇帝梦中出现的十字架。由于君士坦丁凯旋门有不同时代的建筑材料和雕塑,所以有很长一段时间无法确定建造日期。其实是君士坦丁利用了各种不同时代的碎块建造而成。这座建筑一半被埋入土中,清理工作从18世纪末开始。

历了同样的命运,帕尔马公爵拿走了两座赫克力士像、一座酒神像和一颗宙斯的头颅。在宫殿的两个大

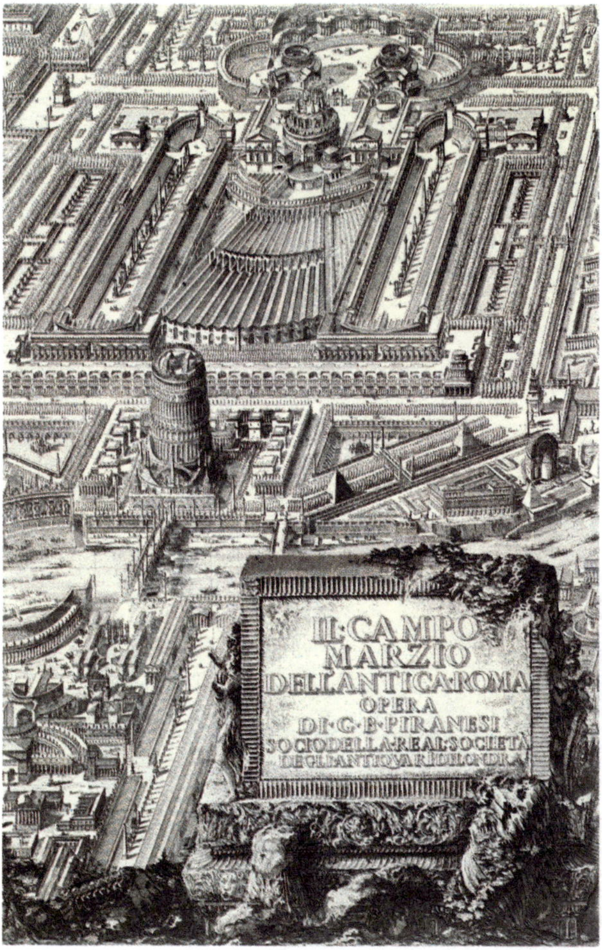

皮拉内西的地图受到罗马地图的启发。他的地图中,不规则的和对称的建筑、圆的和长方形的建筑,每一幢几乎都完整无缺,这座古城因而展现出完全出自想象的面貌。

厅下面,找到了破损的壁画。这两个房间里,一间是狮身鸟首兽之屋,因构成背景的狮身鹰头怪兽而得名。另一间较特别,是"Aula Isiaca",一座奥古斯都时代的房子,饰以埃及题材的绘画。

图密善宫显示的艺术风格,属于公元1世纪弗拉维安时代,非常怪异。这些绘画作于同一世纪初,风

皮拉内西与遗址 75

在皮拉内西的时代,古罗马广场上,可见到被掩埋的废墟露出的部分。

格古典,后来在庞贝城也找到相似的绘画风格。

画下罗马遗址的画家

18世纪,挖掘工作如火如荼地进行,把挖掘地点整理成清单,地图、建筑的绘制也有所发展。总有

皮拉内西于1720年生在威尼斯,起初攻读建筑专业,然后才是雕塑专业。他在1740年左右定居罗马,直到1778年逝世。他在罗马达到自己艺术创作的高峰,并且在废墟中找到灵感。

岁月的摧残

古罗马竞技场派上了不同用场：西克斯图斯五世想把它改建成羊毛工厂，有人则把它当作宗教场所，甚至有人在这里举行巫术仪式。它在1703年的一场地震中严重破损，克列门十一世派人用木栅栏把拱门封住。18世纪的意大利画家卡纳莱托这幅画，表现了此时的情景。罗马竞技场像许多遗址一样，覆盖了一片自然生长的植物，据说可以达到三四百种。

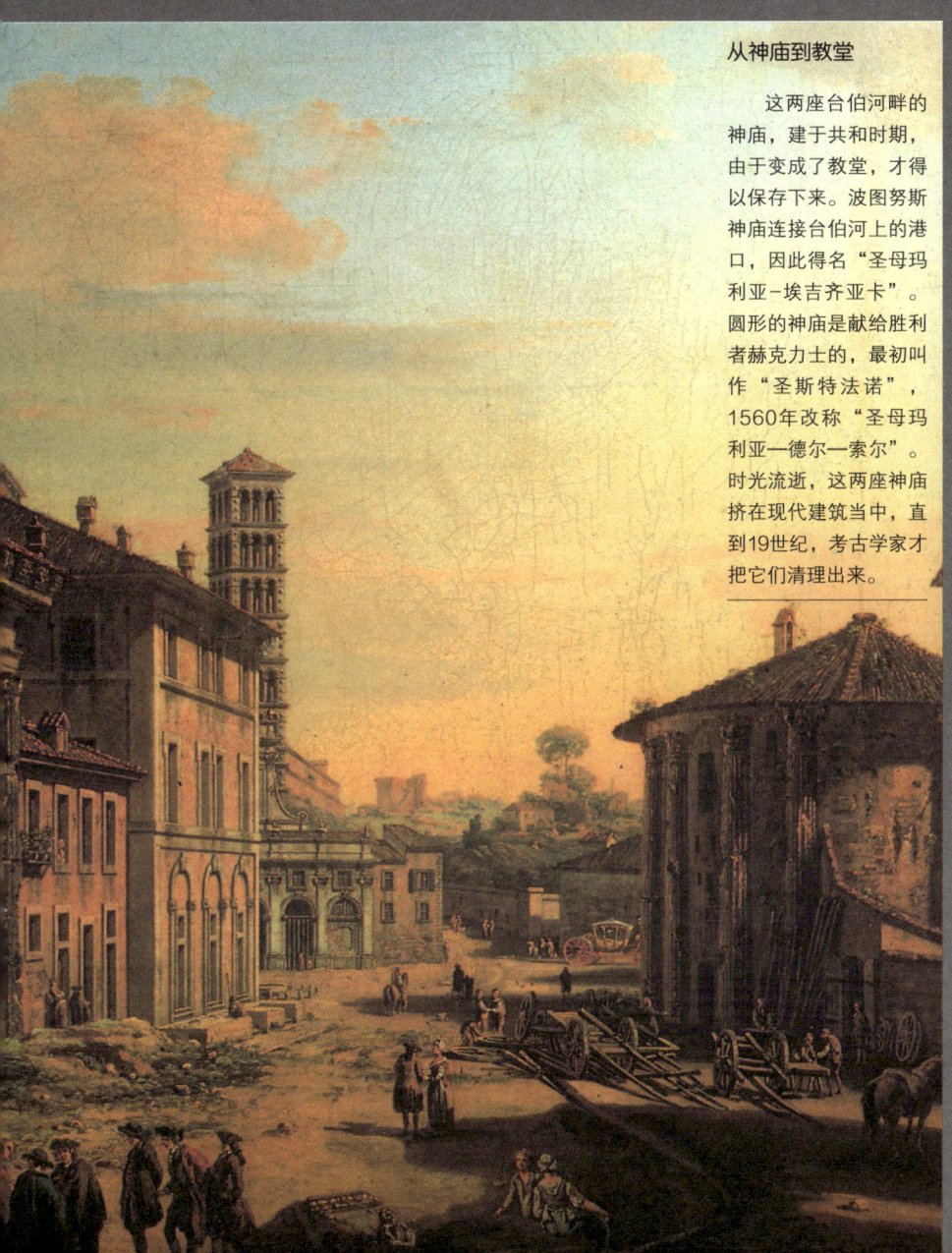

从神庙到教堂

　　这两座台伯河畔的神庙,建于共和时期,由于变成了教堂,才得以保存下来。波图努斯神庙连接台伯河上的港口,因此得名"圣母玛利亚-埃吉齐亚卡"。圆形的神庙是献给胜利者赫克力士的,最初叫作"圣斯特法诺",1560年改称"圣母玛利亚—德尔—索尔"。时光流逝,这两座神庙挤在现代建筑当中,直到19世纪,考古学家才把它们清理出来。

残存的文物

　　这个"古罗马艺术品陈列室"和"现代罗马艺术品陈列室"建于同一时期。"现代罗马艺术品陈列室"是由帕尼尼建的。帕尼尼是个画家，也是舒瓦塞尔公爵府邸的装修师；1757年，公爵是法国驻罗马的大使。在这幅油画中，可以看到当时的一些重要主题：喜爱城市景物画和装饰，也喜爱收藏文物和娱乐。分辨出这些雕塑品，该是令人趣味盎然的：左边有《法尔内塞的赫克力士》，还有《垂死的高卢人》；右边有《拔刺者》《拉奥孔》。在建筑物中，左边有君士坦丁凯旋门、提图斯凯旋门、韦斯巴芗神庙的三根圆柱，上面有万神庙，右边有古罗马竞技场……这是一种永无止境的追求，是考古学家无垠事业的一面镜子。

像拉弗雷里这样的出版者热情支持。这个法国人从1540年起住在罗马，直到1577年在罗马逝世，他三分之一的时间都用在出版关于文物的著作上。画家普桑、罗贝尔、帕尼尼也越来越重视遗址，把遗址看成一种风景：这些"vedute"（城市景物画）可以跟传统的版画媲美。建筑绘画的拥护者和风景画家发生争论，在这场争论中，威尼斯画家皮拉内西扮演一个调停的角色。他的作品将当时的各种流派融为一体：1745年，他作《监狱》，是一种"考古虚构"；1748至1778年间，作城市风景画；1756年作的《罗马文物》，则是古代遗址的记录。他的艺术风格十分复杂，在他所作的罗马景色的绘画中，反映出对遗址和古物残块的热情。他的《战神广场地图》就如同一张罗马地图的残片；不过，他着力表现心目中罗马的壮美，而非重现遗址的结构。相反，他的哈德良别墅图就很有学术价值。

艺术史的诞生

这座古代别墅在建筑和空间方面的独创性，深得皮拉内西赞赏。他捍卫罗马这种富有创造力的建筑艺术，反对马里埃特支持希腊艺术。拥护希腊艺术和拥护罗马艺术的人展开争论，法国人和意大利人因而对立。不过，他们的争论把考古学推向现代。

德国艺术史家温克尔曼，从1755年起定居罗马。他眼中的理想美，要从三个原则——一致、比例简单和观赏尺寸来判断，据此，唯有希腊艺术达到理想美。

对温克尔曼来说，希腊艺术的"崇高朴实，平静庄严"表现在塑像纯净的白色中。

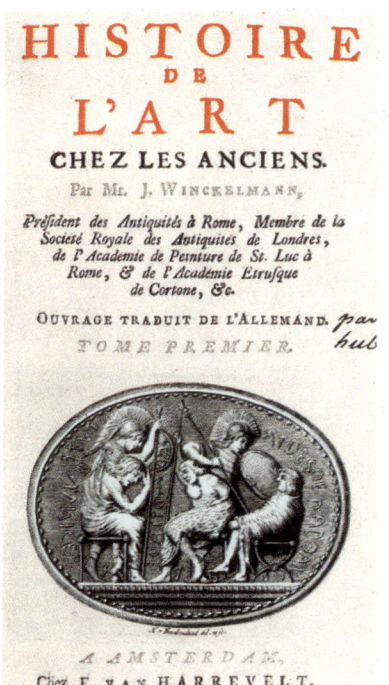

"达到崇高的唯一方法——如果能达到的话——就是要模仿古人。"这个理论是新古典主义的根源,从这个理论出发,温克尔曼奠定了第一部艺术史的基础。他区分出四个时期:古朴(古希腊)、崇高(公元前5世纪)、美(公元前4世纪)和衰落(公元前最后三个世纪和罗马时期)。

罗马失去了威望,但是,这种区分确实是历史性的进步。温克尔曼同时认为,修复艺术品要受到严格的约束:事先研究风格,准确推定日期。一直受到觊觎或者被模仿的古代艺术品,自温克尔曼开始,成为一种历史知识,而艺术史自此进入考古学的范畴。

讽刺得很,温克尔曼虽然博学,热衷希腊艺术,又是《古代艺术史》的作者,却不知道被自己当作希腊艺术品来欣赏的塑像,大部分竟是罗马时代的复制品。他开创了一个流派,他的门徒认为在希腊和小亚细亚发现的原作,更多支持了温克尔曼的理论。

温克尔曼是补鞋匠的儿子,在困难的环境中攻读神学和人文学科。由于对神话和古代艺术兴趣浓厚,他来到了罗马。温克尔曼游览了维苏威火山脚下的意大利古城——赫库兰尼姆和庞贝,参观了佩斯托姆的遗址,并与红衣主教阿尔巴尼建立友谊,主教聘请他当图书管理员。

"教皇按法国派往罗马之专员挑选,
把100件油画、胸像、花瓶和塑像
运往法兰西共和国。
这100件艺术品当中,须包括
朱纽斯·布鲁图斯的青铜胸像、
马尔库斯·布鲁图斯的大理石胸像,
这两座塑像在卡皮托利尼丘上。
专员亦将挑选出500部手稿。"

《博洛尼亚停战协定》第八条

第四章
拿破仑时代来临

拿破仑政府十分重视古罗马竞技场,一再派人清理和修复,同时也进行挖掘工作,找到许多大理石碎块和钱币。

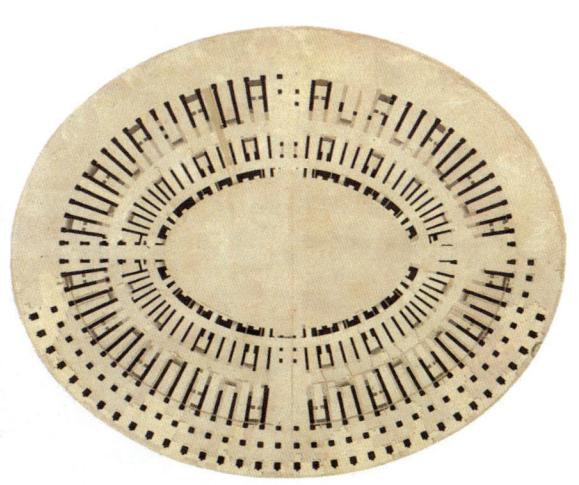

第四章 拿破仑时代来临

教皇庇护六世和督政府的代表——拿破仑将军签订《博洛尼亚停战协定》，1797年《托伦蒂诺条约》加以确认。依照协定的第八条，法国人开始大肆掠夺，一如他们在意大利其他城市的做法。法国人搜索富豪之家，布拉斯奇家和博尔盖兹家自然是目标，梵蒂冈皇宫、卡皮托利尼丘丰富的收藏，当然也难逃一劫。

1799年7月28日，拿破仑人在埃及没有看到装饰华美的车队，运载着从罗马抢来的艺术品返回巴黎。拉斐尔、提香等大师的油画，以及古代手稿和雕刻，例如《观景殿的阿波罗》《拉奥孔》《拔刺者》，还有许多其他杰作，构成了法国共和国博物馆古代收藏品的主体。这个博物馆后来被称作"艺术中心博物馆"，就在罗浮宫内。

垮掉的波旁王朝已大致奠定了这个博物馆的基础，筹备博物馆的工作进行了两年。由于有了埃尼奥·维斯孔蒂的协助，博物馆得以在共和九年雾月18日，即

下图这幅海耶兹的壁画，表现了法国军队掠走珍宝，运回罗马的情景。前景的水代表台伯河，河边有几个"putti"（孩子），他们朝马里奥山方向观看车队到来。画的左下方有汉密尔顿的肖像，他在收回艺术遗产的工作中扮演了很重要的角色。

1801年11月开幕,展出117件作品。这是最后一次全部由罗马艺术珍品组成的收藏。经过18世纪,特别是19世纪的发掘,各国博物馆以大英博物馆为榜样,搜集了来源更多样的艺术品。

1815年的维也纳条约,通过了非常严格的归还条款,拿破仑博物馆因而关门。雕刻家卡诺瓦出面斡旋,教皇几乎收回全部的财产。法国人买下一些艺术品,包括一大部分博尔盖兹的收藏。这些艺术品成为皇家博物馆,也就是后来的罗浮宫博物馆的第一批重要藏品。1817年,由协助博物馆成立的埃尼奥·维斯孔蒂整理目录,而为了这件事,他在巴黎待了25年。

夏拉蒙蒂博物馆在庇护七世时期(1800—1822),为搜集艺术品不遗余力。庇护七世提倡文物研究,保护美术作品,维护意大利艺术遗产。卡诺瓦向不同画家订购壁画,描述了维护工作的各个阶段和新收藏品的安置情况。

庇护七世和意大利艺术遗产的法律保护

掠夺艺术品的行为,令人无法苟同。德·坎西,一位热衷考古的法国建筑家,在意大利战役期间发表了《致米朗达的信》。他表示务必要保持意大利艺术品的完整,并且指出搬移艺术品会造成重大的损失。由此,他提出一个观念:艺术品和产地之间的关系极为重要。1800年,庇护七世登上教皇之位,致力于保护艺术遗产。他在1802年颁布的敕令规定,未经教皇准许,禁止挖掘或出口艺术品。他还下令让某些人每年列出收藏品的清单,并批准了一笔预算,以便发展博物馆,完善有关考古学的教育。

"从罗马竞技场的高层,可以看到苦役犯一面唱歌一面工作。"
司汤达,1827年

庇护七世通过敕令，确认了保护措施，对艺术遗产进行国家范围的保护，这是有史以来的第一次。也因此，由19世纪起，私人收藏逐渐散失。卡诺瓦和费阿负责监察保护措施。在二十多年中，这些措施对艺术和考古产生了影响。卡诺瓦担任艺术宝库总管，负责博物馆视察，充实博物馆收藏；费阿是文物专员，负责监察古代纪念建筑和教堂。

考古学家清理罗马广场

费阿领导的挖掘工作，主要在清理罗马广场。19世纪初，广场上一片田野，两行榆树斜穿而过，边上一排孤立的房子和用方石建成的店铺；牲口在半掩的废墟旁吃草；一个大盛水盆是做饮水槽用的，1565年时被放在卡斯特与波乐克斯的神庙旁边。考古学家挖出遗址，以便找到古代房子的底部，然后用围墙把遗址封闭起来。这些方法首先应用在君士坦丁凯旋门，以及塞威鲁凯旋门的旧址上。然后清理竞技场，并加以修复。囚犯也参加了清理工作。在圆形剧场的工地上，有一百多名囚犯，他们脚上拴着铁球，由士兵看守。

由于缺乏资金，庇护七世无法实施改革方案，刚上任时推动的工程，不久就放慢速度，或者停工。罗马也变得破败不堪，人口减少：1795年有16.5万居民，1805年则只有13.5万人，仅是罗马帝国初期的1/7。

法国驻罗马大使馆的书记官夏多布里昂发觉罗

从卡皮托利尼丘鸟瞰古罗马广场，可以看到19世纪初挖掘的情况。塞威鲁凯旋门经过清理，筑起围墙后，拱门更显突出了。尚未完成的工程显然非常庞大，在整个遗址上铺平地面需要运相当多的土石。在画面中心，可以看到公元1世纪的拜占庭皇帝福卡斯的圆柱，右边则是农神神庙的列柱。

马乡村有一股"恬适的孤寂感"。在他眼中,罗马处在沉沦的边缘:"坐在相同的尘埃里,异教时期的罗马隐于坟墓,基督教世界的罗马则逐渐走向墓穴。"

罗马大兴挖掘工作

1809年,罗马变成一个"自由的皇城";同年8月,又变成法兰西帝国的行省。拿破仑定罗马为法兰西帝国的第二首都,获得巨额的津贴。此后,新古典派的考古方法迅速改变了。在此之前,挖掘工作是零星进行的:在一座纪念建筑物旁边挖掘,寻找珍宝,然后再把放弃的挖掘地点封闭起来。今后,不再仅仅挖掘废墟的一部分,而是按照庇护七世的方法,把废墟整个挖掘出来。而且更进一步,将废墟再现,理解建筑结构。

庞贝城就是这样被发掘出来的。法国人开始在罗马推动挖掘工程。他们面临一个问题,是城乡研究人员首次遇到的问题,然而至今无法解决:怎样在现代的城区网络中,仍然保留遗址?有人说,必须区分出两种城市:一种城市应现代化,无用的建筑必须拆毁——比如过多的教堂;另一种城市并不需要拆毁古建筑,而是要大规模挖掘,加以修复。

古物和现代 91

韦斯巴芗神庙那时叫作雷霆朱庇特神庙,是法国政府占领罗马期间的一大成就。左页下图的版画中,可以看到三根柱子的柱头突出在地面上,泥土堆积在塔布拉里恩(版画中的大楼)的脚下。清理之后,柱子和大楼恢复了全貌。

官方的考古工作，拥有各种机构

由特别领事馆做代表的法国政府，首先建立了几种不同性质的机构，为首的还是这些人：意大利人卡诺瓦、费阿、瓦拉迪埃、瓜塔尼、康波雷西；法国人罗马省长德·图尔农、达吕和梅迪奇别墅的总管帕里斯。

古代纪念建筑和民用建筑委员会，于1810年成立，1811年由罗马城市美化委员会取代。在这个委员会中，省长扮演主要角色，由他决定挖掘工作能否进行，并且控制工程进度，决定出土文物的命运。

考古学教育的内容调整了。维斯孔蒂家的另一位成员菲利波提议，把课程内容分成三部分——神话、艺术史和考古学本身，而考古学对艺术家和历史学家都有用。考古学的目的，是"在理论和实务上，将文物加以整理、解释、了解、区分，并予以评价。

达吕男爵（1767-1829）是法国在罗马的全权代表。司汤达说他"珍惜法国荣誉，踏实能干"。

新的考古政策　93

"我们看到三个大拱门……穹顶由八根巨大的圆柱支撑着……拿破仑下令进行挖掘工作,清理出这座建筑的地面:地面由紫色大理石和云母大理石组成。"

司汤达
1828年1月25日

也就是要评价文物的时代和价值,说明它们代表什么,意味着什么"。

所有付诸实行的措施中,以最后一项是最有创见的。在罗马这座破败不堪的城市中,法国人看到了生活悲惨、没有工作的居民。他们决定在挖掘工地雇用穷人。罗马人每100个人(男人、妇女和孩子)为一组,一共有400组,后来增加为2000组,为政府工作。政府庆幸这种办法十分有效。德·图尔农在1831年出版的《关于罗马的统计研究》中就有以下的叙述:"正是由于这些挖掘工作,那些青年时代生活在穷困中,或者对前途毫不在意的人,才得以从工作中感受到乐趣。起初,愿意参与这种咸认过于艰苦之工作的人很少;后来,想自食其力的人则供过于求。榜样的作用何其

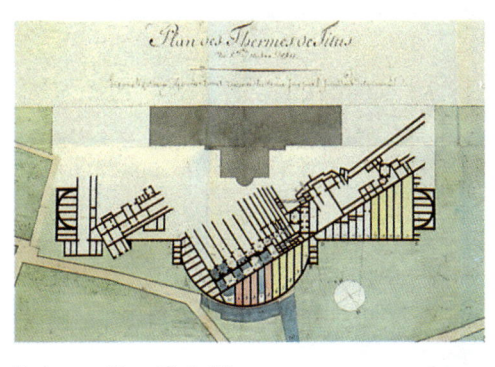

早先误以为是提图斯公共浴池的地方,实际上是尼禄的金屋,被图拉真公共浴池覆盖了。1506年,举世闻名的《拉奥孔》在这里被发现。为了寻找新的珍宝,法国政府派人在此挖掘,但毫无斩获。不过,政府发现了图拉真公共浴池的几个新大厅和底层结构。

第四章 拿破仑时代来临

大！工业技术教育的展开何其迅速！"

典范的工地：图拉真广场

图拉真皇帝在公元前113年，为了纪念战胜达西亚人而建造的圆柱，历经沧桑。不过，图拉真圆柱既没有改变名字，也没有遭到重大的损坏，只是原本耸立柱上的皇帝塑像已不在。从16世纪末开始，柱上就改成圣彼得的塑像了。在圆柱附近堆着断砖碎瓦，周围盖满新近建造的房屋。

庇护六世下令挖到圆柱的底部，直到看见古代的路面为止。圆柱立在壕沟中，南面以圣女厄菲米修道院和圣灵修道院为界，西面的边上是建筑物，北面以两座教堂为界。1810年制订计划，打算扩大广场，并挖掘下去，让地面恢复平整，而且要好好搜寻。1812年3月开始拆毁建筑和两座修道院，12月拆完。瓦拉迪埃领导的搜寻工作从翌年5月开始。首批成果不是很令人振奋：几根破碎的柱子，一个瓷瓶，一座头颅雕像。一年后找到各种雕像：一座皇后的头颅雕像，一座斑岩的巨大塑像残体。较重大的成果是挖出一座古会堂的中心部分，藏书室的柱廊残块也出土了，并挖出20根圆柱的底座，以及大理石路面的残块。这样挖出来的空间，呈一条大壕沟状，四周是墙。19世纪，挖掘工程继续进行。20世纪30年代，墨索里尼又展开一次大规模的挖掘工作。

野心勃勃的计划："卡皮托利尼花园"

在罗马最古老的区域，图拉真广场附近，呈现出一派破败不堪的景象。竞技场的舞台，被泥土和残砖碎瓦覆盖。建筑物正面的一部分崩坍了，另一部分

拿破仑下令，仿照图拉真圆柱的样子，在巴黎竖起旺多姆圆柱。

1820年，在拿破仑下令进行挖掘工作以后，庇护七世派人在图拉真广场筑起一道围墙（左页下图）。

安东尼努斯和福斯丁娜神庙,是141年由皇帝安东尼努斯庇护建造的,以纪念妻子福斯丁娜。中世纪时,它被改建成圣洛朗佐教堂,得以保存下来,成为罗马广场上少数完整的纪念建筑。

靠1803年建造的扶垛支撑着。在庇护七世时期进行的工程,并没有完全改变广场的面貌。至于台伯河边的两座神庙,则陷入了土中。

为了安置这些巨大的建筑,当时的人想要建造一个大型的、带古风的广场——"卡皮托利尼花园",把卡皮托利尼丘、古罗马广场和竞技场合而为一。这个花费庞大的工程,始终没有完成。

要完成这个工程,必须拆毁一些现代建筑——显然,这么做会引起居民的不满——所以还要挖掘出古建筑,并且在一大片地方整平土地为好。尽管有种种困难,他们还是在1810年动工,雇用了600个工人。开始挖掘协和神庙、安东尼努斯和福斯丁娜神庙,以及君士坦丁和马克桑蒂乌斯大教堂。这些建筑全部埋在地下,只有穹顶露出地面。一年以后,挖出可见到路面的三个大殿。提图斯凯旋门旁边,紧邻的一座圣—弗兰塞斯卡—罗马纳修道院就此被拆毁。建在维纳斯和罗马神庙废

挖掘和修复　　97

法兰西学院雇用建筑师梅纳杰,挖掘安东尼努斯和福斯丁娜神庙。他清理出柱子的底部和神庙的楼梯,而且加以重建。但重建时理想的成分居多,考古学的价值则减少了。

墟之上的教堂也被拆掉了。提图斯凯旋门、维纳斯暨罗马神庙这两座古代建筑,终于被挖出底部了。

这幅建筑正面图有许多错误,例如,在三角楣上写了赞颂安东尼努斯和福斯丁娜的文字,这完全是想象的。

建筑师援助考古学家

建筑师瓦拉迪埃参与一切计划。在大多数罗马的现代化计划中,例如整建万神庙广场、建造品肖宫等的工作名单上,出现他的名字并不奇怪。但是,看到他在许多工地上忙碌,让人十分意外。

建筑师积极参与考古发掘工程,彻底改变搜寻的观念:他们认为,一定要完全挖出建筑的地基,并且要以整个建筑群为一体来分析,如此才能恢复遗址的完整地形。费阿就是这样做的:他打算找出广场的结构,并大规模挖掘奥斯蒂亚。罗马美化委员会的成员瓜塔尼也这么想。在他的《罗马导游》中,他建议游客,不妨登上图拉真圆柱的顶端,如此一来,全城面貌尽收眼底。他还建议游客使用纪念建筑概图,以便理解建筑之间密切的关系。19世纪的指南不再仅仅描述罗马,指南中的地形分析、考古发现,更能阐明遗址的构造和全城的构造。

总结的时刻

这个时期的计划过于野心勃勃,往往无法实现。照夏多布里昂的说法,法国占领罗马,起先是"无耻掠夺",然后是"邪恶的",意大利人闻言,

拆毁和改进　99

除了修复古代建筑，拿破仑还美化现代城市：修复西斯托桥，扩大万神庙广场，在罗马北面开辟散步场所。但是他的大部分计划都没有付诸实行。不过，波波罗广场地区，尤其是品肖宫，则根据1811年7月27日法令第七条的条文改建："我们通过了在波波罗广场开辟散步场所的计划。因此，必须拆毁人民修道院及其附属建筑，这个散步场所将被称作'大恺撒花园'。"

同仇敌忾。但是，考古学因而向前迈了一大步。19世纪的法国作家司汤达敏于批判，他可以提出证明："拜巨大工程之赐，从1809年起，古建筑完全改了面貌，用于这种工程的技术也变得更实际了。"

19世纪,在古罗马广场和阿皮亚大道上,
以及地下墓穴里,
科学性质的挖掘工程大幅展开。
文艺复兴以来,
累积典籍、碑文和物品的方式,
多半是紊乱而潦草的。
从现在起,进入分类和组织的年代。

第五章
理性年代

1864年5月,在红衣主教黎格蒂的府第,一座位于庞培剧院废墟之上的建筑,聚集了一群人,观看一尊赫克力士的镀金青铜像出土。这尊塑像高3.82米。当时的一位历史学家写道:"据说教皇要以7万埃居买下这尊塑像。"

1863年4月20日,罗马建城2616周年前夕,有一则消息不胫而走,科学界人士为之骚动:在罗马的"前门"刚发现一尊奥古斯都皇帝的塑像。博学之士早就知道,奥古斯都皇帝的妻子德吕齐亚曾派人在罗马北面建造一座华丽的别墅。一个名叫加格利亚迪的人,测定了遗址的位置,并且在地下一个用蓝色和绿色风景画装饰起的大厅附近,发现了这尊极其重要的塑像。这尊塑像保存得很好,"连鼻尖也完整无缺"。庇护九世立即要求得到这件杰作,并打算把它放在夏拉蒙蒂博物馆。

奥古斯都显得平静而庄严,他的胸甲上刻着宇宙图像:在这幅图像的上方,一个留胡子的老人代表天空;右边是太阳的四马二轮战车,旁边有长着翅膀的曙光女神和黎明女神陪伴;图下部是地球,阿波罗和孪生妹妹阿耳忒弥斯。

考古人士的一大福音

不论业余考古者或职业考古者,都以平分发现的东西作为交换条件,向教廷议会取得挖掘许可。富尔图纳蒂在罗马南面找到了古代拉丁大道(via Latina)的路面,而且在路两旁发现了几座坟墓,坟墓里面有各种各样的绘画、仿大理石和陪葬的家具,若干物件卖到各处。罗马的旧城门位于阿旺丁山的南部,建于公元前2世纪:彼埃特罗·维斯孔蒂在一大片厚厚的河泥和碎砖残瓦底下,发现了一大堆古代的大理石。在三个月之内,他发现了许多大理石石块、缟玛瑙、蛇纹大理石,这些大理石年代久远,有黄色、绿色和红色的。庇护九世把这些东西分给其他教堂,赐予发现者优厚的奖赏和爵位。

在考古学史上，不乏这类偶然发现文物的事，有时传出轰动社会的消息，吸引了名声显赫的访客，也引发抢劫，酿成丑闻。在1860年左右，谁没有听说过康帕纳侯爵的审判呢？这个收藏家由于向当铺勒索了巨额钱款，被罚做苦役，然后逐出罗马。这个时期同样进行了系统的大规模挖掘工程，由考古学家尼比、卡尼纳、德·罗西领导。他们的工作态度无私，而且方法科学。

1831年发现的希拉斯墓。如上图的陵墓主室，饰以浮雕和绘画。

利维之宅的墙上所画的花园，树木蓊郁，鸟雀成群（本页上图）。这幅作品魅力独具，所散发的神秘色彩，在罗马绘画中并不多见。

尼比和费阿：关于广场的争论

1827年，尼比负责领导挖掘古罗马广场的工

程。他派人挖掘出北面的部分：塔布拉里恩、协和神庙、十二天神柱廊，还挖掘出维纳斯暨罗马的神庙。随着工程推进，他得出结论，这引起他与费阿和多数考古学家的争执。在卡皮托利尼丘山麓下，靠近农神神庙的地方，矗立着三根圆柱，柱头檐部镌刻着一篇铭文的片断——"ESTITVER"。其他学者认为，这是雷霆朱庇特神庙的残迹。但是，尼比根据新发现和典籍，在提供了碑铭全文的《安西埃戴恩路线图》中，找出了真相。这些圆柱无疑是公元1世纪时，韦斯巴芗神庙的残迹。这座神庙在韦斯巴芗皇帝鼎盛时，为了崇奉他而开始建造，直到他的儿子提图斯逝世时才竣工。一百多年后，卡拉卡拉皇帝和塞维鲁皇帝"重建"了这座神庙。

在罗马广场左面通往竞技场的路上，这个考古学家还辨认出了"三个用砖砌得很高的穹顶"。中世纪的人把这幢巨大的建筑看作是罗穆吕斯的神

司汤达很喜欢嘲笑尼比改变了纪念建筑的名字，并且对前人的假设提出质疑。然而，司汤达在著作中，把《罗马游记》整页整页抄下来，却没有注明出处。

庙，他是传说中建立罗马的人。15世纪开始，这座建筑被称为"和平神庙"。但尼比认为，这必然是马克桑蒂乌斯和君士坦丁在4世纪初期建造的大教堂。同时，尼比不顾费阿的反对，辨认出真正的和平神庙（或叫"和平广场"）的位置。这是一组壮观的建筑群，韦斯巴芗将"所有引起人们好奇的东西"都集中在此，其中有犹大出产的金花瓶、各种塑像、一个藏书丰富的图书馆。著名的罗马地图，在3世纪时就被封存在这里。

马克桑蒂乌斯和君士坦丁大教堂（左页上图），在1814年仍然叫作和平神庙。这幅画由法国建筑家戈蒂埃绘制，重现了神庙侧面的环形结构。

方法论

当时的漫画家讽刺这些考古学上的争论，也指责考古学家保守的思想。不过，考古学家的分析方法倒也有所进步。16世纪的学者不仅固守教条，也惯于作假，他们像艺术家一样，力图把罗马看作一个典范。马尔利亚诺这样说："我想要在古罗马广场上建

立起来的，是绝对的真理；如果罗穆吕斯从坟墓中站起来对我说，他把古罗马广场建成别的样子，我就会回答他：'哦！罗穆吕斯，你渡过了遗忘河，忘记了你的城市所在，才会胡说八道！'"19世纪，文献学当道，以往用于研究典籍的方法，如今用于研究艺术品和纪念建筑的完成日期、地点和真实面貌。

19世纪末，对研究结果进行历史性的分析工作才要起步。1850年左右，古罗马广场上的工程几乎停

阿皮亚大道上的梅泰拉之墓，建于公元前1世纪末叶。和奥古斯都的陵墓一样，坟墓形似鼓，可见东方和希腊对罗马丧葬建筑的影响。

下来了。还好,尼比重建了广场,加上德国学者莫姆森在1845年确定了古代人民议会的会议厅所在地,大家才能进一步了解广场的结构。从此时起,其他的挖掘工作也在进行中:考古学家罗萨在巴拉丁丘挖掘出利维之宅,这是阿波罗神庙的一部分,那时以为是胜利的朱庇特神庙;还挖出各代皇宫的遗迹。卡尼纳则负责在阿皮亚大道上的挖掘工程。

阿皮亚大道上的坟墓是画家所喜爱的题材。这些坟墓长期以来被称作"Capo di Bove"(牛头),缘于它的中楣装饰着牛头。牛头饰是陵墓的传统装饰。

最壮观的路

阿皮亚大道在4世纪时由克劳狄建成,也就以他的名字命名。阿皮亚大道横穿罗马半岛,一直延伸到将近600千米外,现在意大利东南部的布林迪西。大道边上种着柏树、松树和橄榄树,两旁不时可看见神庙、别墅、陵墓。古人依照习俗,将死者葬在城外人来人往的地方,"向行人表明,他们也总(是)要死的"。在离路口5000米的地方,道路分岔了:罗马神话中,贺拉斯三兄弟和库里阿斯三兄弟就在这里决斗,他们的坟墓形成两个小山包,位于大路右侧。

中世纪的贵族占了阿皮亚大道的一些空地,大兴土木:梅泰拉的坟墓呈圆塔形,被拿来当作一座大古堡的塔楼,其他残存物用作建筑材料。另外一些古屋成了强盗的巢穴。文艺复兴时期的艺术家,如拉斐尔、米开朗琪罗、黎戈里奥等人,指责过去的人太大意,呼吁大家拯救这条大道,终归徒然。到了19世纪,阿皮亚大道已消失在倾圮的坟墓之中。

阿皮亚大道上铺着玄武岩石块,两边有夯实的泥土人行道。大道宽41米,能够让车辆相对行驶。每隔30千米至44千米,旅行者就能找到一个驿站,可以更换马匹和住店。

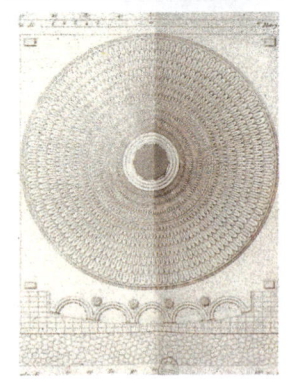

卡尼纳重建阿皮亚大道

1850年计划修整全部道路,恢复原来的路线,清理破砖碎瓦。花了三年时间,才修复阿皮亚大道的第一段路。卡尼纳详细写下自己的意见,在巨大的镌刻板上画出这条路目前的情况和修复后的样子。在他的想象中,这片壮观的遗址上坟墓连成一长串:有的规模宏大,要用灰泥浮雕和壁画来装饰;有的只是普通的祭坛。他就这样在这条路前面的16千米,描绘出将近3000座坟

好几个世纪以来，阿皮亚大道一直被人占领。大道上有传说中的墓，例如贺拉斯家和库里亚斯家的墓、基督徒的墓。神庙形状的路边小建筑物、普通的祭坛、墩形坟墓、有柱或者无柱的接待室，杂然并列。左图这种圆顶屋的建筑物也在其中：这是一座直径达35米的坟墓，比同一时期建成的梅泰拉墓还大。看看这些时代不同、形状各异的古墓，无怪乎阿皮亚大道对旅行者有莫大的吸引力。

RELIQVIE DEL GRANDE MONVMENTO DENOMINATO CASAL ROTONDO

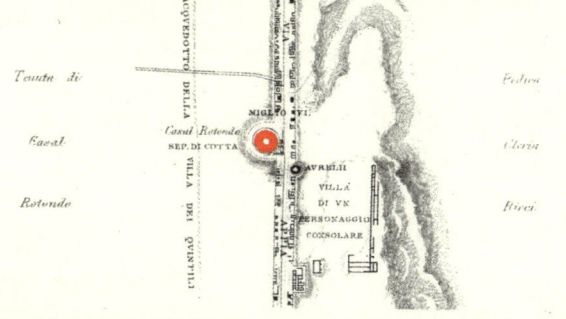

ESPOSIZIONE DELL' INTERA ARCHITETTVRA DEL GRANDE MONVMENTO DI MESSALA CORVINO VLTIMATO DA M. VALERIO MESSALINO COTTA

墓。百年后,由于进行挖掘工作,有人认为卡尼纳的重建工程可能与事实有所出入。但是不可否认,从他的图中可以推测,从前这些大型商业道路如何从首都的城门出发,如何在罗马帝国纵横交错。奥古斯都放在古罗马广场中央的一根金柱子,象征了大路的起点。

基督教考古学的革新

19世纪,古希腊罗马的神祇和古代共和国的英雄,不再是时人唯一崇奉的偶像了。由于德国考古学家谢利曼、法国历史学家尚波里庸等学者出现,发现了埃特鲁斯坎文明、美索不达米亚文明,考古探索于是扩展到地中海盆地和中东地区。罗马也发现了一个新考古领域——地下墓室。

19世纪初发现了几座墓穴,圣塞巴斯蒂安地下墓室即是其中一座。自博齐奥以来,这些地下墓室几乎全被弃置不顾,甚至被遗忘了。学者马尔希提醒格利高里十六世,有必要好好保存基督教历史的

地下墓室本来不是行崇拜仪式的地方,而是坟墓。后来,在地下墓室的殉难者坟墓旁边,修建了一个个圣堂,吸引了许多朝圣者。

见证物。1841年，奉教皇之命，他负责监察文物；1854年，又创建拉特朗基督教历史博物馆。与此同时，马尔希在罗马学院的弟子德·罗西，则致力于绘制出各座地下墓室的地形图。

德·罗西掌握丰富的材料、文学典籍和以往的宗教典籍，参考了中世纪的路线图、圣徒遗物的目录、墓园的目录。德·罗西把资料加以比较后，认为能够确定圣西克斯图斯的地下墓室何在。他在自己猜想的地方发现了一句题铭——"NELIVS MARTYR"。他研究典籍后知晓，教皇科尔内留斯于253年葬在圣西克斯图斯附近。他深挖下去，发现了埋尸体的地下室，甚至发现了逝世于223年的教皇——卡利斯图斯的整个地下陵墓。

于是德·罗西明白，为什么埋尸体的地下室隐藏在地下这么久：由于许多次外族入侵时，都劫掠过殉道者的坟墓，所以从4世纪起，教皇达马兹一世和几位继任者，在地下巷道里修建了宽大的楼梯，如此

在卡利斯图斯的地下墓室中，"教皇墓"把3世纪时的教皇和主教的坟墓集中在一起，后来教皇达马兹（366年至384年在位）重修过。

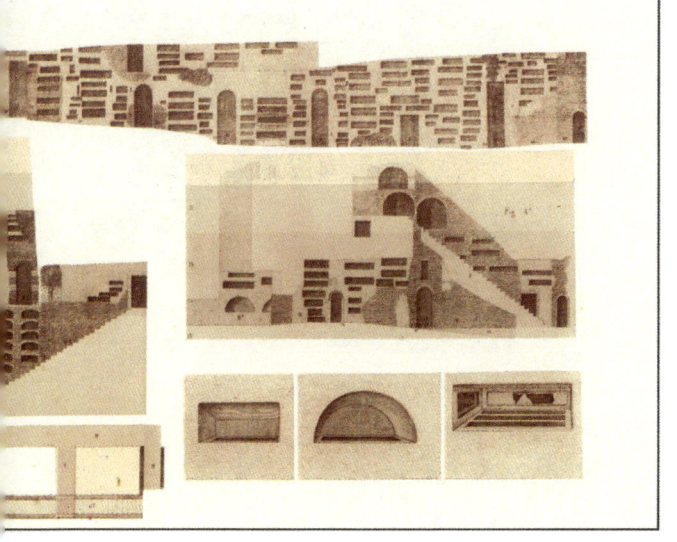

一来，朝拜者就能直接来到他们要寻找的地方。这些教皇还在神圣的殿堂中凿出放灯的位置，好让空气和灯光能够进到里面。光阴荏苒，这些建筑物崩坍并堵塞了巷道。以前，考古学家遇到崩坍物便止步，而德·罗西却挖下去，向前推进，终于发现了地下墓室的核心。

熟悉罗马地下的德·罗西

德·罗西挖掘出26个地下墓室，向朝圣者开放了一些埋在地下近千年的通道。在这些地下教堂中，重新举行了宗教仪式。地下墓室里面的壁画和墓穴中的文物，流传到全世界，宗教艺术品重新成为研究和玩赏的对象。庇护九世也去参观地下墓穴。这些发现所引起的宗教热情可能阻碍基督教考古学的科学发展。此外，教士及耶稣会士亦是一大阻力。然而，德·罗西还是让学者接受了他的研究成果，他和莫姆森、亨增合作出版拉丁碑文集。他花了13年工夫写出了《地底罗马》，探讨第一批基督教徒的丧葬仪式，以及在墙壁上找到的题词和图画，也介绍了几个著名的地下墓室，还复制了里面的壁画和碑文。1863年起，德·罗西出版《基督教考古学通报》。他留下了两百多部著述。他去世后仍然有新发现：目前我们知道罗马有67座地下墓室。

严格而艰辛的考古工作

　　这个时期的学者，都致力于把这门学问分类，并加以组织。"搜集古董的人"则因革新的考古方

当德·罗西进入教皇墓时，他看到科林圆柱被毁坏了，石棺是打开的，碑文散落各处。

116　第五章　理性年代

下图的这幅版画是《不见经传的建筑》第二卷的卷首插图,本书由德国考古学院出版。在罗马考古区的中心,罗马广场和巴拉丁丘、德国考古学院矗立在许多文物中,石阶直通院里的藏书室。考古学可不就是典籍和纪念建筑的汇集吗?图里建筑的三角楣的中间,绘有罗马的化身,左右是台伯河神和供奉女灶神的贞女塔尔佩亚。柱子间是宙斯李生子的两颗头颅,是新古典主义十分赞赏的雕塑组。

法而获益。学者创造新方法,以制订正确的典籍版本。用具(骨灰瓮、石棺等)的研究集,希腊、拉丁碑文按地形次序编排的总集,一本本问世;博物馆编出了按种类分目的目录册(绘画、石棺、瓷瓶等)。消息的传播方法改善了:通报、年鉴和论文,介绍最新的发现,并加以评论。各个协会都赞助挖掘工作。1810年建立的罗马学院,把考古学家、爱好者、艺术家和教士聚集起来。他们效法莱杜斯和人文主义者,举行大规模的社交宴会,而且一起去参观遗址。

建立大型的考古研究院

1829年,费阿与一些考古学家和艺术家提议,创建考古通信研究院,巴伐利亚国王路易一世和普鲁士国王腓特烈三世表示支持。研究院发表的通报和年鉴十分重视世界上的新发现。在将近40年里,考古史一直和这个研究院关系密

切。1870年普法战争爆发，它的国际使命才结束。此后，研究院由德国人控制，变成日耳曼人的考古研究院，活动扩展到雅典、开罗和伊斯坦布尔。1873年，法国人创建了自己的研究院——法国罗马学院。1861年，意大利统一的前夕，考古学的进展再也不容否认。即使有时勘探者只是些玩票的考古学家，即使搜集古物的风气仍然存在，但是也可以看到学者在挖掘工地上认真研究。

此后，考古学必须运用新方法，向深处挖掘，从历史角度来分析。尼比在《1838年的罗马》中写道："地面上已无物可寻。但是，生于废墟中、长于废墟中的我可以反驳。在这个地区所有房子的地窖里，仍然有蛛丝马迹告诉我们，如果挖掘下去，如果拆毁房子，是会发现非常重要的讯息的。这些讯息将透露古罗马的地形，同时也成为了一部艺术史。"

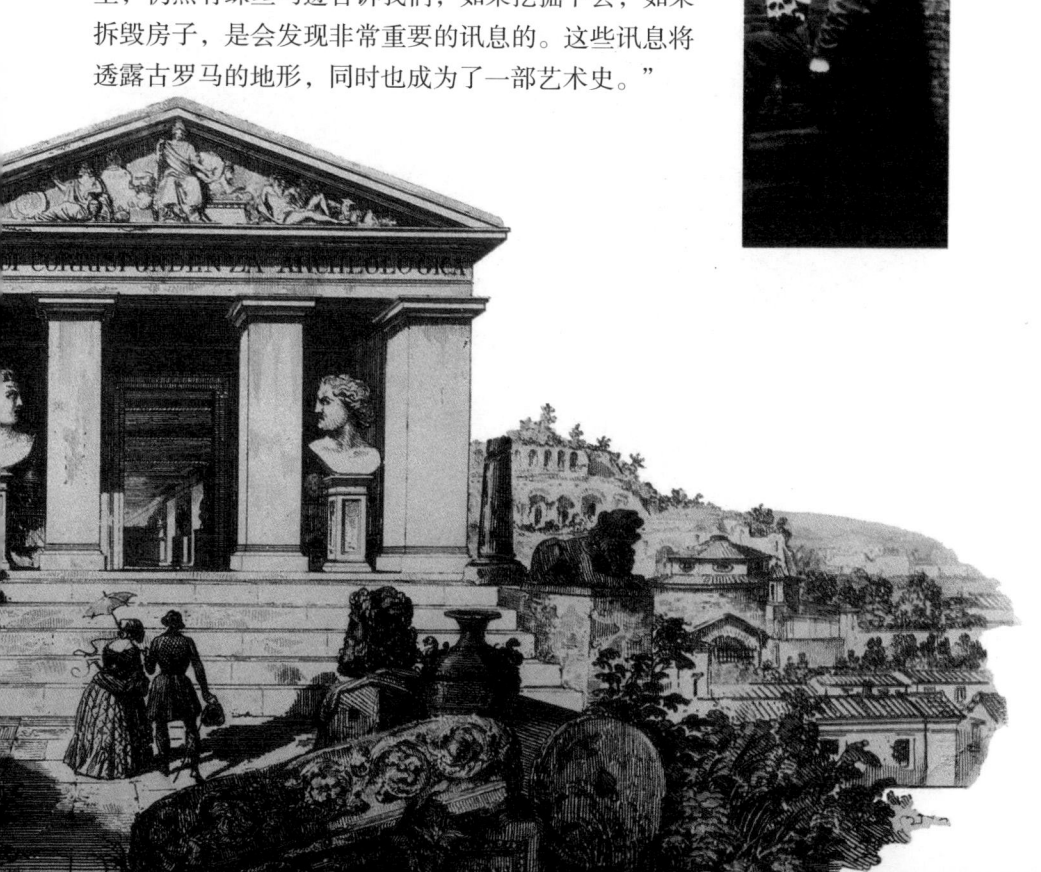

过去的时代,
挖掘工作零星,地点分散,
所得的发现限于共和国与帝国时期。
到了20世纪,挖掘方法迈入现代。
更早期的罗马,
那王政时期的罗马,
将从地下升起,
它的起源之谜一点一点被解开。

第六章
尚古与真理

"这个半野蛮人似的运动员,好像刚经历过漫长而可怕的搏斗,才从千年沉睡中苏醒过来。我从来没有这样异乎寻常的感受。"

兰奇安尼

意大利统一之后,埃斯基利努斯山上开始重要的工程,以便建造新区。由此发现了许多房屋、别墅或者坟墓的遗址。这张摄于1871年的照片,画面上是密涅瓦·梅迪卡神庙附近的工地,工人挖掘出一段古砖墙。

1861年王国宣布成立,1870年建都罗马。旧王国和教皇定都罗马,新王朝需要一个能够媲美旧都及教皇之都的首都。在这个"第三代罗马",一切都要重建:居民和政府官员既不能住在宫殿里,也不能住在贫民窟中。一个令人意想不到的罗马,即将在铁铲和镐头之下出现。但是,正如埋藏地下多年的壁画一接触到空气就要消失,许多遗迹也在现代建筑下面不见了:如泊船站、国家大道、维克托—伊曼纽尔纪念碑。有些旧区的名字地图上已找不到了:中世纪旧城的一大部分(犹太人居住区的犹太教堂、修道院)、许多宅邸宫殿,以及著名别墅,例如吕多维齐的别墅。

愤慨的历史学家格雷戈罗维乌斯写道:"他们

狂热地动工,街区和山丘都被挖得乱七八糟……每时每刻,我都看到一块古罗马的文物崩塌于地。"考古学者兰奇安尼举出反证。他列举了从1870年至1885年间,因建造新建筑而发现的文物:"705个双耳尖底瓮,2360盏灯,1824块碑文,77根粉红色大理石圆柱,313块圆柱残体,157根柱头,18副石棺,36379块金币、银币和铜币。"

事实上,格雷戈罗维乌斯和兰奇安尼的说法都没错。从16世纪西克斯图斯五世的时代以来,从来没有拆毁过这么多建筑,也从来没有发现过这么多文物,而一点也不考虑城市规划的问题。在埃斯基利努斯山、基里纳尔山和维米纳尔山上,挖掘出古罗马时代的房子,里面有壁画、镶嵌画宏伟完整的大墓地,甚至从台伯河挖掘出浮雕、陶器、家具、塑像:一尊长发的酒神像、一尊缺臂的阿波罗像、一座和真人一

文艺复兴时期的艺术家仿制了古代的浮雕。在法尔内塞别墅底下的别墅中,发现了下图这件作品,另一件则是在1917年发现的"大门"的地下大教堂中找到的。

样大小的阿佛洛狄忒的头像。在整治台伯河两岸时，在法尔内塞别墅的花园里挖掘出一幢别墅，里面有一组壁画和灰泥浮雕堪称极品。当这些描写费顿的神话、酒神戴奥尼索斯的传说，以及赞颂爱神的雕塑从地下挖出来时，必定令人无比兴奋啊！所有的东西都精美绝伦，浮雕人物的每一个手势、每一件衣服和面纱都活像化石。

建筑师博尼特别重视地质学和建筑技术。在他之前，考古学家只不过是地形学者根据研究来进行挖掘工作，现场工作则交给助手。博尼却拿起铁铲和镐头，因此成为"战斗考古学"的先驱。他晓得，挖掘工作只能获得有限的结果。在他看来，考古学的目的，应该是重建一个遗址的全部历史，而只有挖掘出不同地层才能达成这个目的。因此，必须运用地层学方法，这种方法由史前学家率先使用，他们需要进行深层挖掘。与博尼同时代的人几乎都没有吸取他的经验。直到20世纪60年代，才开始在工地上运用地层学方法。

意大利考古学臻于成熟

这些新发现文物的历史，和上几个世纪发现的文物十分相似。新发现的文物被收入公共浴池博物馆，这个博物馆于1908年至1911年间（亦有说1889年）设在戴克里先公共浴场里。意大利国王维克托·伊曼纽尔二世致力于保护国内的艺术遗产：1870年，他建立了挖掘罗马省境古建筑的总监部，这个总监部同时也负责保存古建筑。1875年，他按照法国和德国的研究院的模式，创建意大利考古学院，并鼓励国人，在罗马这个"纪念建筑的中心"重新进行挖掘工作。挖掘果然有成。在巴拉丁丘，挖掘出图密善体育场；在竞技场，把埋在地下的遗址全部挖出。在古罗马广场，先清理出中心部分，然后把整个遗址的地面平整好。

兰奇安尼写道："在1882年2月至4月之间，挖

清理大竞技场 125

1875年，在挖掘竞技场周围时，意外发现了地下走廊。这些走廊在竞技活动进行时是必不可少的。在古代，人们用一块巨大的木板覆盖在走廊上。

1899年8月，在从安东尼努斯和福斯丁娜神庙（图片中间），到古罗马元老院之间的整片地域，清理出了大量泥土，拆除了大批房子，罗马共和国时代的建筑——埃米利安大教堂显露出来。

掘出10200立方米的泥土，全部被清除运走。还挖掘出2800平方米的古代地面，找到了26块碑文和不少纪念建筑的遗迹……自罗马帝国瓦解以来，这是第一次可以一口气走完圣街的全程，也就是从街的起点一直走到卡皮托利尼丘。"

古人已经说出真相了吗？

1899年6月，博尼在古罗马广场的西北边，挖出一块黑色大理石板，长3米，宽4米，周围框以白边。学者提过一块"黑石"，就是在罗马广场上的"Lapis Niger"（拉丁文：黑石）。有人说，它标示着罗穆吕斯的坟墓所在；也有人说，这是罗穆吕斯的养父富斯图吕斯的坟墓，甚至可能是罗马第三位国王

贺斯蒂琉斯的坟茔。

博尼希望挖到这个神秘的坟墓,便深挖下去。他在大理石下面,看到一组古建筑,原来是某种坟墓(实际上是祭坛)和一块写满铭文的石碑。碑上的文字是用犁田式写法写成的,很难读懂。字母一个个粘连,好不容易才分辨出几个字,而且只有第一句可以完全解读:"谁侵犯这个地方,谁就得下地狱。"这个警告无疑是公元前6世纪一条神圣的法则,也是祭祀火神伏尔甘的规则。这个发现,引起了一场关于罗马历史的激烈争论。

德国人指责意大利人:考古学"变成了爱国情操的一部分"

好几年以来,德国历史学家一直对古人的著述,特别是李维的著述中,关于罗马的起源存在质疑。不过,大多数"传统派"的意大利人,反对德国历史学家这个"吹毛求疵"的学派,而相信古文献。黑石多给了他们一层理由:它不就能证明罗马在6世纪已经存在吗?那些死抱书本的意大利人大怒,传统派更是如此,他们自称为罗马历史的捍卫者。这场争论影响了社会舆论,天主教徒也抨击德国人,以及他们这个讲求理性、吹毛求疵的学派。

1902年和1907年,在安东尼努斯和福斯丁娜的神庙附近,以及基里纳尔山上,分别发现了公元

在塞威鲁凯旋门附近发现黑石,此一发现吸引了群众和国家政要,部长巴塞利到这里来参观工地。

前 9 至 8 世纪的两个大墓地。那时，博尼在巴拉丁丘上也挖掘出同一时期的简陋小屋；这次的发现重新引起争论，不过，很快就停止了。尽管新的发现符合推测：在这段时期，古人住在山冈上。考古学者由于知识不足，又不适应新方法，所以没有进行精细的挖掘。研究史前的历史学家创造了地层挖掘方法，而博尼是第一个能够运用这种方法的考古学者，但他也不再往下挖了。

20世纪的"文物专家"——兰奇安尼

这时期的考古学者，仍然着重地形学。兰奇安尼重新研究 3 世纪的大理石平面图，也就是罗马地图，并绘制了一幅罗马考古新地图，比例尺为千分之一。46张图版，张张资料丰富，编排出从15世纪以来所发现的文物表！兰奇安尼属于旧的考古流派，不太注意分析，而着重描述和汇集材料。他没有把自己对罗马丰富的知识，用在绘制这张地图上：可以看出来，他观察过罗马的每一块石头。正当罗马被挖得乱七八糟时，他跑遍各个工地，不断报道新发现，挖掘罗马郊区默默无闻的地方。他到任何地方，都带弟子同行，例如熟悉罗马的地形学家阿斯比。

如今，考古学者长期探索后带回来的，不再是绘图，而是照片。他们刚懂得摄影的重要，例如，博尼从气球上拍摄罗马广场。约1870年，英国考古学者帕尔克，首先将摄影应用在考古研究上。

对古罗马风尚的崇拜

1911年，为庆祝意大利统一五十周年，兰奇安尼筹备一次大型展览，展出重要的考古文物。最先

博学的建筑史学迷帕尔克，1806年生于伦敦。从1866年开始，他系统地将主要的古代建筑拍摄下来。

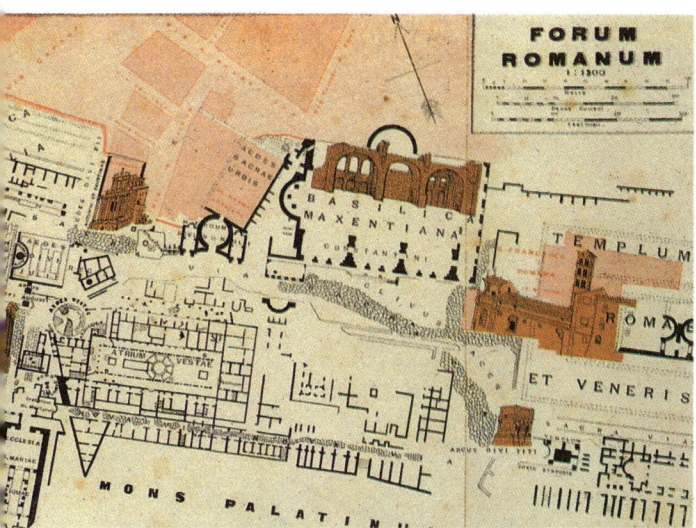

兰奇安尼的代表作《罗马广场图》,重现了罗马古代、中世纪和近代的状况,以及1892年的现状。在维斯太殿和提图斯凯旋门之间,新近挖掘出罗马共和国时代的房屋和古代遗迹。尽管有这些新发现,但除了某些细节外,《罗马广场图》至今仍是有价值的。

展出的是"前门"的雕塑,同时还要展出平面图和模型。意大利刚刚向土耳其宣战,在出兵受土耳其统治的利比亚前夕,显示古罗马文明仍然存在是很重要的——古代的道路、桥梁和纪念建筑今日犹可见。从中世纪以来,关于罗马的迷思就一直被政治家利用,如今则流传到现代的意大利。意大利统一和古罗马风尚永存,两者同时庆祝:法西斯主义以民族为历史与生活的中心,而把这种观念推到顶点。

墨索里尼在1925年12月31日宣称:"再过五年,罗马应该以繁荣兴盛的面目出现:地域广袤,秩序井然,强大有力,一如

第一帝国,奥古斯都的时代。"他鼓励研究古籍和罗马史,重视这个政权的象征——鹰,热衷于复活"能够说出口的"语言——拉丁语,这些无一不在颂扬古罗马。毫不奇怪,法西斯分子在宣传中特别重视考古学。意大利的考古学家吉格利奥利就提到,"考古研究的发展,是为了替法西斯主义实现历史目标和民族目标"。墨索里尼还规定历史学家的任务:彰显罗马历史绵延不断,罗马民族生生不息,罗马文明亘古伟大。

在考古学家的协助下,墨索里尼制订了一个大规模的挖掘计划,其中两组计划表明了如何利用历史为政治服务——墨索里尼非常看重这个思想:一方面要恢复奥古斯都时代

墨索里尼提起奥古斯都,并非毫无用意:新政权自称要捍卫和平安宁,并最终恢复秩序。

这把镐头象征法西斯分子对城市的毁坏。当时的一本杂志写道:"只要墨索里尼的一道命令,凡他认为没有价值的东西,就从地图上消失了。"在韦奈齐亚广场和竞技场之间的整个区域,就这样被铲平了。

和平祭坛是一道长方形的平台,有石阶通向上面,祭坛在台里。皇族的重要成员被镌刻在南面的中楣上。左图是细部:图中右边是奥古斯都的女婿阿格里巴。

的城市面貌,另一方面要挖掘罗马帝国时期的广场和奥斯蒂亚广场,同时也开始修建海洋大道。海洋大道是罗马向地中海扩张的象征和轴心。如同前几个世纪那样,考古计划和城市的复兴密不可分。墨索里尼派人拆除,也派人建设。广场狭小、窄巷纵横的罗马,重新被开膛破肚,以便让那"被掩埋但并没有消失的文明"重见天日。

奥古斯都两千岁冥诞纪念:法西斯的罗马歌颂帝国时代的罗马

在挖掘奥古斯都时代的广场时,既没有标准,又没有挖掘记录,完全随心所欲。挖掘了广场之后,1937年,奥古斯都两千岁冥诞时,庆祝活动非常盛大。他的陵墓被挖掘出来,加以修复,而且修建了奥古斯都皇帝广场,特意把这座陵墓与外界区隔开来。和平祭坛也被完全修复了。最后,1937年举办的

纪念奥古斯都

和平祭坛建于公元前9年,是奥古斯都宣传罗马帝国的重要象征。奥古斯都大力颂扬罗马对世界的统治、它的神圣起源,以及它带来的"pax romana"——罗马的安宁。这座建筑的残块是在16世纪和19世纪被找到的,但是,直到1937年至1938年才全部被挖掘出来。奥古斯都两千岁冥诞时,在台伯河畔奥古斯都的陵墓附近,重新立起祭坛。祭坛用一个玻璃和水泥做的结构支撑起来,在祭坛的墙上刻上皇帝的遗嘱"Res gestae"。祭坛于1938年9月23日揭幕。

重现壮观景象

  奥古斯都时代的罗马文化展览会于1937年9月23日在国家大道展览馆揭幕。展出了照片和模型：有圆形剧场、桥梁、公共浴池的模型，还有一幅兰奇安尼的《罗马广场图》。这次展览会的展品，在1942年举办的世界博览会上又重新展览了一次。这次博览会是为了庆祝征服埃塞俄比亚，以及新政权建立20周年而举办的。从1937年开始，在罗马南部一整个区开始建设，筹备罗马的国际博览会，但是建造工程由于第二次世界大战爆发和法西斯垮台而中断，直到20世纪50年代才告竣工。1955年，罗马文明博物馆开幕，今日，这个博物馆藏有战前历次展览会的展品。

"奥古斯都时代的罗马文化展览会"更是壮观。

1937年的展览会,组织者野心勃勃,想把这个展览会办成20世纪规模最大的展览会。他们叫人绘制地图和图画,拍摄照片,尤其重要的是制作罗马帝国三百多栋著名建筑物的模型。一幅制成浮雕的罗马地图,放在一个特别大厅里,赞颂罗马在4世纪时的壮丽。很多国家都为这个展览会出力,在墨索里尼面前,制造一种同心协力的气氛。就学术上来说,这次展览是成功的:分散在世界各地的材料,第一次集中在一起。但是,这次展览会也负有政治任务,吉格利奥利在开幕词中直言不讳:罗马文化是世界各民族文明的根源,墨索里尼维护罗

20世纪30年代进行的工程,挖掘出奥斯蒂亚剧院,能够容纳3000个座位。在乐池、半圆形舞台的后部,及拱形古柱廊上,重新安置了大理石残块。

塞韦里亚纳大道，穿过奥斯蒂亚附近的圣依佐拉古代大墓地。大道宽10.5米，一部分是车道，另一部分是人行道、马道和送葬队伍行走的道路。

马文化不遗余力，而且保证它未来必然拥有荣耀。

法西斯考古学的成绩单

墨索里尼企图扩展罗马的海上交通。他想借由一条壮观的大道，将城市和滨海地区连接起来。他派人沿着这条大道修建起古罗马帝国式的广场，并竖立了五幅地图，阐明从罗马帝国开始到法西斯帝国为止，征服的脚步如何前进。最后他派人去挖掘奥斯蒂亚港的遗址。

18世纪开始开发罗马旧港，费阿派五十来个囚犯去清理。但是，不久他就放弃了这个计划，因为那儿是一片沼泽地。在庇护九世治下，工程恢复了，但进行的时间较长，挖出了一些塑像和成组的重要绘画。1910年，考古学家瓦格利埃里在那里发现了一尊有翼的塑像，即"胜利的"密涅瓦。当时的人认为，对于新国家而言，这是一个好兆头。但是，奥斯蒂亚城的挖掘工作到1938年才开始，一直进行到1942年。由于世界博览会迫在眉睫，负责工程的卡尔札只挖掘到2世纪的建筑平面，最新挖出来的地层没有留下记录。可是，奥斯蒂亚城的挖掘工作在罗马考古史上仍是划时代的，因为这是第一次挖出小麦仓库，以及类似现代公寓的房屋。最后，挖掘出圣伊佐拉的地下大坟墓，特别是挖出小教堂，使我们了解2世纪至3世纪的宗教生活，以及各种流行的东方教派。小教堂里崇奉的是印度—伊朗神话中的光明之神——密特拉。

真的能发现罗穆吕斯吗

20世纪发掘了许多杰作，罗马真是取之不尽的源泉。还有多不胜数的地方可以挖掘，所以估计不出罗马真正的财富，比如战神广场，现在所知甚少。考古学家只好根据典籍和3世纪的罗马地图来假设。除此之外，公元前1世纪的罗马政治领袖弗拉米尼乌斯的竞技场，朱庇特、朱诺和赫克力士的三座神庙，巴尔布斯剧院等，都在地下。人们知道，在康皮泰利的圣母玛利亚教堂底下，可以找到朱庇特神庙。但是，这里的堆积物一直增加，唯见屋大维之妹——屋大维娅的柱廊兀自显耀。要挖掘这些遗址，必须挖得非常深。做得到吗？

20世纪之前，多数的考古发现仍是罗马帝国时期或共和国末期的文物。此后，渐渐发现了古罗马，那诸王时代的罗马。仿佛离开那时愈远，考古学就愈

在图拉真市场（上图）的范围内，发现图密善时代的砖石，可能表明这个皇帝在此地的某些活动。

接近起源。博尼在几个山丘上发现 8 世纪以来的生活遗迹;1930年在圣奥莫博诺底下挖掘出古代神庙,证明了公元前 6 世纪埃特鲁斯坎诸王的存在,而且似乎证实了古代历史学家的叙述。1988年10月的某一天,考古学家卡朗迪尼在罗马广场的边上,发现了一堵古城墙的遗迹,可能是公元前8世纪建造的。也许可以在罗马城所在地的巴拉丁丘上找到更多资料。

图密善一面让人建造运输市场,一面这样开始朝吉里纳尔山开辟空地的工程,为的是建造另一个市场。随后图拉真会重新实施计划,不过是根据不同的方案。

见证与文献

"对我们的帝国来说,噢,战神的母狼,是我们最好的奶娘,正是它给了这个城市乳汁,它长大了。"
普罗佩尔蒂乌斯(约公元前47—前15,拉丁语诗人),哀歌。

受到威胁的城市

从古到今,
在整部罗马史上,
罗马的毁灭一直是个
令人关心的主题,
在这座城市里,
采取保护措施,
加紧保护文物,
成为当务之急。

毁坏罗马的人,不仅仅是蛮族。罗马人自己的漠不关心和疏忽大意——例如平民百姓和君王贵族日常的劫掠,同样促使这个城市毁坏。历代皇帝向罗马法官不断提出诉状,都要求他们保护公共建筑物,但是命令之多,证明了这些诉状毫无效果。

5世纪中叶,罗马帝国皇帝利奥一世和马约里安,向罗马城行政长官埃米利安下达命令

为了治理好我们的国家,我们期望看到移风易俗,改变我们长期以来所憎恨的事实:眼看一座美轮美奂的城市被毁坏。因为,显而易见的,公共建筑本为罗马城景致增添活力,可是,由于该城的行政部门做出不当的决定,以致几乎到处都在毁坏公共建筑物。有些人弄虚作假,借口迫切需要砂石,以便进行公共建设,便拆毁了结构美妙的古代建筑。有些人为了建造这样那样的小建筑,拆毁了一些大建筑。谁想建造一座私人宅邸,只要得到罗马城在任法官的首肯,就可以从公共建筑中拆下必要的材料,搬运到别的地方,而本来这些材料与罗马城市的辉煌是连成一体的。因此,即使私人的建筑需要修建,也应出于公民感情,保存好这些材料。

所以,我们借由这个放诸四海皆准的法令来规定,任何人都不得毁损

一幅古罗马地图的细部。

或者破坏任何建筑——我们的祖先所建造的神庙和纪念建筑物——这些建筑是给公众使用，或者是为了公众娱乐才建造的。因此，胆敢冒天下之大不韪的法官，应该罚以五十斤黄金。至于听从了这个法官的命令，而没有提出异议和表示反抗的公务员及财会人员，要对他们惩以笞刑，而且还要断其双手，以惩罚他们用双手亵渎了祖先所造的建筑，因为他们本来是应该保存好这些古物的。

至于那些借口要求得到房屋的人，我们必须加以禁止。我们下令：什么也不能拿走，因为这些房屋仍然属于公共财产。此外，我们希望修理好这些房屋，恢复已拆除的部分，而且从此不能再要求得到这些古建筑。

倘若确实必须拆除某些部分，不管是为了建造另一项公共工程，还是出于无可奈何的修理需要，我们要求，务必有充分的事实根据，并由元老院制定切实可行的措施。在商议之后，一旦认为非如此做不可，再经我们考察后，认为实在是无法修理了，我们就会下令拆除，用于修建另一座公共建筑。亲爱而尊贵的神父埃米利安，请照此办理。

请阁下张贴敕令，发表本法令，以便让这些决定能被严格遵守，切实执行。这些决定考虑到这座永恒城市的利益，很有先见之明。

458年7月11日于拉韦那

遗产的消失

中世纪，一批大理石塑像被送到炉子里熔化掉，变成了特殊的石灰，然后又被用作建筑材料。19世纪的考古学家发现了好几座这样的炉子。

1869年，罗萨在巴拉丁丘的提比略宫里，发现了一座这样的炉子。这座炉子填满了出色的艺术品，有的已经烧成石灰，另外一些还原封不动。在这些完好的艺术品中，有克劳狄的胸像，今日被收藏在公共浴池博物馆。还有一座尼禄的头像、三座古朴的黑色大理石女像柱、一座黑色玄武岩凿成的青年男子小塑像（豪塞把它复制出来）、一座哈波克拉泰斯的头像，以及其他不太重要的残块。

1883年2月，在贞女庙的中庭南边挖掘时，发现了一堆大理石，大约有4.3米长，2.75米宽，2.1米高。这堆大理石全部是在贞女庙中，供奉女灶神的贞女像，有的完好如初，有的成了碎块。塑像和碎块都叠得非常仔细，以使塑像和塑像之间没有空隙，甚至用木屑填塞缝隙，因为雕塑的曲线部分必然会产生一些空隙。有八座塑像几乎完整无缺。在一大堆碎块里，发现了一座贞女坐像的下半部，甚至连木凳也不缺少，真是令人又惊又喜！但是，唉！这是经历了多少个春秋之后，在中庭最潮湿的角落里，好不容易才发现的。这次收获丰富的发现,时间是2月9日早上六点半钟,除了工人之外,只有三个人在场:普鲁士帝国的太子,他后来成为弗雷德里克三世;赫真医生,我的一个同行;还有我。

我记忆犹新,当时太子身强力壮,帮助工人搬开大理石,把站立的塑像沿中庭的墙边放好。那是挖掘古罗马文物的黄金时代,如今回忆起来好像一枕黄粱梦。不过,这些塑像被掠夺者叠得像柴堆,还仔细填满了空隙。是什么样的偶然事件挽救了这些雕塑珍宝呢?要弄清楚是很困难的。不过,至少有一点可以确定:贞女庙挖掘出来的大批大理石被炉火熔炼掉了。数次探寻中发现的两座炉子和两个石灰与煤的仓库,就是佐证。

兰奇安尼
《罗马的毁灭》

1430年,波奇坐在卡皮托利尼丘上,放眼眺望,抒发感言

瞻仰遗址发出不止一次赞叹。波奇·布拉乔利尼面对罗马城的不幸,明白自己为什么这样热爱古希腊罗马的文物。18世纪的英国历史学家吉朋,把波奇写进罗马帝国衰落史;19世纪的法国作家勒南,则要撰写基督教起源史……

尤金尼厄斯四世统治末期,学者波奇和他的一个朋友都在为教皇效劳。他们登上卡皮托利尼丘,在圆柱和神庙的废墟中休息。眼前这片广阔的倾圮景色,让他们感到命运曲折,沧海桑田。老天爷既不放过人,也不放过艺术品;帝国也罢,城邦也好,同样进入坟墓中。两人感受相同:罗马的往昔诚然辉煌,但她的衰落景象最为壮观,也最令人唏嘘不已。

波奇对他的朋友说:"公元前1

向导,他指向古罗马和现代罗马的奇迹。

世纪的罗马诗人维吉尔，非常富有想象力，他描绘了罗马的初期，大约就像古罗马神话人物埃万德尔收留特洛伊逃难者的那个时代。在眼前这块塔尔佩亚岩石上，那时是一片荒凉、荆棘丛生；而在维吉尔的时代，这块岩石上矗立着一座神庙，三个屋顶金光闪闪。如今神庙不在了，装饰神庙的金子被劫掠一空，命运的车轮已经走完了它的历程，荆棘改变了这块圣地的面貌。我们坐在卡皮托利尼丘上，这座山头从前是罗马帝国的重地、世界的城堡、各国国王都害怕的地方。数不尽的胜利者为它扬名，众多民族劫掠来的战利品使它富有。这种辉煌的景象曾经吸引了全世界的目光，如今却衰败得不成样子！变得不堪入目！葡萄园现在覆盖了战胜者往日走过的道路，泥淖把往昔元老院贵族所坐的地方弄得污秽不堪。请放眼看一看巴拉丁丘和山头上，那浑然一体的巨大废墟吧，请寻找一下大理石造的剧院、方尖碑、巨大的塑像和尼禄皇宫的柱廊吧，请观察一下这座城市的其他山头吧：一片荒芜，只有废墟和花园穿插其间。罗马人从前在古罗马广场制定法律，任命法官，如今广场成了围起来的农田，用来种植蔬菜；或者是成片空地，任凭牛和猪踩踏。那么多的公共建筑和私人建筑看起来坚固，似乎能够经受岁月的考验，却已坍塌，东一块西一块躺在尘埃里。

巍然的残迹，经过时间的磨损和命运的摆弄，显得更加触目惊心。"

他对废墟的描绘

波奇详尽地描绘了这些废墟。他不再只关心传说中的纪念建筑，而开始注意古典迷信中的纪念建筑。

一、在罗马共和国时期的建筑中，他分辨出一座桥、一座拱门、一座坟墓和一幢塞斯蒂乌斯的金字塔；在卡皮托利尼丘上的盐税局，则可以分辨出两排拱门，上面镌刻着卡图吕斯的名字。

二、11座总算保存下来的神庙：从完整的万神庙到和平神庙的三个拱门和大理石圆柱，这都是韦斯巴芗在内战和战胜犹太人之后建造的。

三、他有点轻率地断定，古代公共浴池一共有七个，但都不够完整，因此无法看出是怎样使用的，各个部分又是怎样分配的。戴克里先和卡拉卡拉时代的公共浴池，以修建者的名字来命名。看到这些建筑如此坚固宽敞，大理石五花八门，圆柱又粗，形状各异，不但令人惊奇不已，还不禁要比较，建造这样的建筑所花的金钱、所需的人力，与它的用途究竟能不能成比例。今日仍然留下君士坦丁、亚历山大（222年至235年在位）、图密善（81年至96年在位）或者可能是其兄提图斯时代的公共浴池的残迹。

四、提图斯、塞威鲁和君士坦丁建造的凯旋门，完整无缺，岁月丝毫没有磨掉碑文；另一座已经倾圮的凯旋门，以图拉真的名字闻名于世；在弗拉米尼乌斯大道上，可以看到仍然矗立着两座凯旋门，以表彰福斯丁娜和皇帝加列努斯。

五、波奇在描绘竞技场的建筑奇迹后，可能忽略了一座小型的圆形剧场。这座砖砌的剧场是给禁卫军使用的，公共建筑和私人建筑已经占据了公元前1世纪。还有一座马塞卢斯和庞培时代的剧院，至于竞技场和大竞技场，如今只能分辨出位置和形状。

六、图拉真圆柱和安东尼努斯圆柱仍然矗立着，但是埃及方尖碑或者粉碎了，或者被埋在地下了。那些由雕塑家的凿子创造出来的神祇和英雄已经无影无踪，只剩下一尊青铜骑士像和五座大理石雕像。其中最出色的是希腊古典时期，公元前5世纪至公元前330年左右，雕塑大师菲狄亚斯和普拉克斯泰尔雕塑的两匹马。

七、奥古斯都和阿德里安的陵墓或坟墓，不可能完全消失，但是奥古斯都的陵墓现在只见一个土堆，而阿德里安的陵墓已叫作"圣使古堡"，用的是一座当代城堡的名字，而外观也已是当代建筑了；再加上几根分散的圆柱（现在我们已经不知道是什么用途），就是这座古城的遗址：在城墙上可以看到较新建筑的痕迹，城墙圆周16千米，有379座用来防卫的塔楼，一共开设了13个城门。

吉朋
《罗马帝国衰亡史》

保卫阿皮亚大道

意大利考古学家邦迪奈利（1900—1975）拒绝向法西斯当局妥协，像他这样坚决的考古学家很少见。他始终坚持艺术遗产须保持完整。这位杰出的伊特拉士坎艺术专家，也是个艺术史家和理论家。从1945年至1947年之间，邦迪奈利一直担任文物和艺术总

监。第二次世界大战一结束，他就领导一场运动，反对不动产投机行为，要求保护文物，比如在阿皮亚大道上兴建大型的考古花园。

除了圣塞巴斯蒂安门以外，在世界上像罗马的阿皮亚大道那样，能够使人浮想联翩、兴味无穷的地方，实在不多。在阿皮亚大道的纪念建筑上，可以读到古代史的出色篇章，从罗马共和末期到5世纪的罗马帝国末期，到基督教产生初期，以及伴随基督教而出现的传说（例如地下墓室和"由此通过"小教堂，就位于这条大道上）。从城墙和圣塞巴斯蒂安门望出去，所看到的景致，仍然像两千年来意大利南方人，从西方世界的中心——罗马城远眺所见的景象一样。可是，这一切很快就被拆毁，盖起了许多房子：仅仅是由于投机而牺牲了这些古建筑。

已经有一些法律保护艺术和历史遗产，以及景点。但要是不严格执行，那么这些法律就是一纸空文。一如司空见惯的例子，错误无法归咎于官僚机构工作不力，因为违法行为就发生在政府官员身上，甚至是统治阶层。

糟糕得很，当阿皮亚大道濒临毁灭的警告发出以后，没有一家中产阶级的大报加以理睬。即使出了上百种类似情况，也绝不会有人大声疾呼。

我们所拥有的这些无与伦比的艺术和文明遗产，都面临毁灭的危险：在意大利北部和东北部的地区，威尼托的几幢别墅里，画满了18世纪威尼斯画派的领导人物，蒂埃波洛壁画的大厅竟然被改成了车库。

全世界都把意大利的城市看成是拥有杰作，并且具有高度文明的地方。但是，这些城市很快变得粗野、喧闹，移民杂居，就像某些南美洲的内陆城市一样。在那儿，来自各地的游客迫不及待地参观那些名满天下的纪念建筑，而后尽快逃离这些不欢迎观光客的城市。我们这些伊特拉士坎的古城，拥有在科学上无可取代的文物和证据，但是它们在恩特·马雷马曳引机的犁刀下消失了，宛如祭品，献给了蛊惑人心、纯粹欺骗的土地"改革"。

如果，谁想列出毁灭意大利艺术遗产的人名，倒有可能写满一本书。但也用不着写出另外一本书来罗列"被拯救的艺术品"，和毁灭遗产的人做对照。执行拯救工作的，是艺术监管局和其他负责保护遗产的研究院。我们十分清楚，艺术监管局已经尽力而为，而且工作条件有时非常恶劣。工作人员总有吐不完的苦水，讲述他们怎样受到当局，尤其是教会施加的压力，以阻挠艺术遗产保护法实施。他们还讲述自己怎样承受各方的压力，却始终得不到支持。

事实上，保护艺术和历史遗产，是中产阶级在往上爬时所高举的一面旗帜，但是今天，他们让这面旗帜落地了。正在往上爬的蓝领阶层接过这面旗帜，为保护遗产而奋斗。他们一定能找到许多优秀的中产阶级，和他们一起并肩作战：中产阶级对发生的一切感到不满，可是他们既没有勇气，也没有力量加以反对。

法律和过去设立的研究机构，今日在面对贪得无厌的投机人士时，表现得软弱无力。这些投机人士确信得到位高权重的人保护，便发起攻击。人们不认法律，只认钞票。教会的伪善作风也来搅局。主管的组织不再考虑怎样领导，而只想多多捞钱，对它还能够有什么期待呢？

有个美术总监主张，虽然保护艺术遗产单位的谋士只有两三个，但是，这些官员的分派要合理。他竭力表明，再过几年，意大利的艺术遗产就会遇到危险，再没有可以管理文化遗产的人。面对这样一项困难的志业，需要负责任，却分配不公，得不到领导组织精神上的支持。德·加斯佩里政府中有一位国民教育部长，这样挖苦美术总监："任何一个部长都不会关心这个问题，因为考古学家人数不多，'他们代表不了一股选举力量'！"对这个部长来说，显而易见的，他可以心安理得地让艺术遗产化为齑粉。这个部长缺乏文化修养，和意大利现实又缺少紧密的情感，这种联系使我们真正热爱自己的国家。这位部长正是他那个党派的领导成员的典型。

不过，我并不愿意让有些读者以为，我在这里大发议论，是由于盲目崇拜老朽、古旧、积满灰尘的物品。根本不是这么回事：现代生活提出的要求，尤其是意大利众多的人民对生活条件改善的需要，必然在城市中带来变化。这些是必须接受的变化，但并不是这些变化改变了阿皮亚大道的面貌。因为，如果贫民窟的居民一定得迁走，他们显然不会住进在原地新盖的楼里。这些城市是活生生的机体，势必改变面貌；企图阻止这种变化，等于企图遏制一个人的发育，阻止他从一个漂亮的孩子变成一个枯瘦的老人，也就是阻止一种我们都会经历的过程发生。

有个观念很重要：创造新东西时，仍然要明智地尊重古旧的东西。因为每一间旧屋，都是一扇通往历史的大门，一旦拆除，这扇门就永远关上了。在决定关上这扇门之前，必须深思熟虑。当务之急乃是撇开投机的思想：投机已成为今日唯一的标准，而已经毁了我们几座秀丽的城市。

意大利城市的美，并不是天地生成的，而要归功于历代政府采取了正确的措施，直接反映了人民的愿望。最典型的例子可以在中古时代，锡耶纳的文献中找到。在锡耶纳，从13世纪中叶到14世纪中叶，一系列的法令定下了建筑标准，当时的人用这些标准来美化城市，并且奖励美化城市有功的人。锡耶纳城今日拥有的珍贵的古城市建筑，成为全世界赞美和研究的对象。维罗那1276年制定的法令写明，任何法官和事务所，若没有获得人民委员会同意，"装饰行政人员"许可，就不能够进行建设。今日意大利人民仍然在意文明遗产，但是，为了让这种意识化成行动，必须让它明确，广为传播，并且得到大家的支持。

问题并不简单，有时甚至十分困难。因此，我们应当仔细考虑。在法西斯统治时期，不动产投机的狂热掩盖在模棱两可的词句下，这种词句以"复兴帝国"的名义，毁坏罗马和其他城市的建筑网络。有时，借口憎恨"我们所不喜欢的古色古香"，或者为了向马里内蒂的未来主义的遗风表示敬意，随意拆除旧区。有时，保护艺术遗产的机构若无法拯救一座历史建筑，便力图获得延期的准许。这座建筑会由全副武装的人在夜晚拆除，由某个大腹便便、胆大妄为的法西斯匪首指挥行动。借由权力关系来解决这些难题，不管在今天或在昨日，都是法西斯精神的一种典型手法。

但是，现今的人甚至不再求助于辞藻的面纱。今日，不动产投机的最低利润是四分之一；投机者狡猾精明，他们往往能够找到最巧妙的办法，摆脱财政上的控制和技术上的监督，并确信不受惩罚，甚至与掌权者狼狈为奸。掌权者帮助他们逃避城市发展调整计划规定的义务，不受艺术遗产和风景保护法所设的限制。在阿皮亚大道上切开一大块，以建造皮亚·卡萨·圣罗萨，这是由于"出于尊重慈善机构"，便可以违反所有的规章制度。也许同样由于尊重这个卑鄙的家伙，才允许这个罗马市长在一块地皮上为自己建造一座别墅，但是，调整计划本来打算把这块地改建成一座公园。

除了最进步和最德高望重的人以外，谁也无法阻止这种破坏行为，遏止这些人胡作非为。

邦迪奈利
《权力中心·罗马》

罗马漫游

罗马不断地吸引着外国人。
朝圣者、文人、艺术家和政治家
来到罗马城门口，
急于欣赏它那非比寻常的奇迹。
罗马满足了他们的愿望也好，
让他们失望也罢，
和这个城市接触后，
游客往往想写下自己的感想。
他们的印象就成为
当时罗马状况的忠实记录。

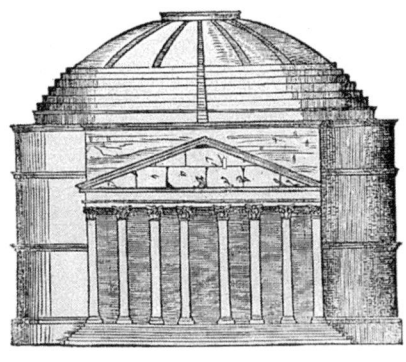

万神庙是在哈德良统治时期，119年至128年建造的。这是保存最完好的古罗马建筑。

一个古代的旅行家

357年，君士坦丁乌斯二世到罗马参观，宛如做了一次虔诚的朝拜。历史学家马塞兰当时记录了这次旅行。

他一进入罗马，帝国的中心和一切美德的源泉，便先来到演讲坛，面对表现出古罗马伟力的广场，不禁目瞪口呆。不管他朝哪个方向看，总有奇迹令他眼花缭乱。皇帝向元老院的贵族讲话，还在高台上向民众发表了一次演说。他在皇宫里接受此起彼伏的欢呼，享受到他所期待的快乐。

他参加马术游戏时，陶醉在群情激奋之中。民众懂得避免举止粗野，但仍然保持日久养成的自由自在，而皇帝也很节制，保持适中的态度。他在别的城市时，会审慎度量，表示游戏该结束了；但在这里，他根据游戏的不同情况而选择是否告终。

然后，他来到七座山头之顶，眺望坐落在山坡或平地上的街区。他总以为自己最先看到的东西，要超过其余的一切：塔尔佩亚的朱庇特神庙，居高临下，正如苍穹俯瞰大地；公共浴池规模宏大；圆形剧场用蒂布尔城的石块建起，肉眼难以看到它的顶部；万神庙的圆顶巍然耸立；高高的圆柱矗立，柱上挂着历代皇帝的塑像；还有城市神庙、和平广场、庞培剧院、奥戴昂剧场、运动场，以及其他在这座永恒之城里的古老建筑。

但是，当他来到图拉真广场这个天下无双，而且据我看来，甚至受到天神赞赏的地方时，他仍然愣住了。他环视四周，巨大的建筑难以用言语形容，并且无物足以匹敌。因此，他放弃了一切仿造的念头，而仅仅说，仿造耸立在庭院当中、国王本人骑着的那匹马，倒是可能的。贺米斯达王子待在他旁边，极其严肃地反驳说："不过，陛下，如果可能的话，还是叫人建造一个相同的马厩；让你觅到的马，能像现在我们看到的这匹马一样，住得很宽敞。"有人问这个王子，他对罗马有何感想，他回答说，只有一样东西令他高兴：他知道了那里的人也是要死的。

皇帝看到了许多东西以后惊诧不已，抱怨名声不够或是力量薄弱；或是不怀好意，因为他夸大一切，却在描绘罗马时拙于言辞。在长时间讨论过要在罗马做什么事以后，他决定在这些建筑中再增加一座方尖碑，就建造在大竞技场上。我将在合适的地方描述这座方尖碑的来历和形状。

马塞兰

"渴望了解新事物"

1580年左右，蒙田到意大利旅行。他用法文和意大利文写下自己的印象，偶尔也由他的秘书记录下来。

1月26日，星期四，蒙田先生去看了台伯河另一边的雅尼库伦山，并且考察了这个地方的名胜。两天前他还参观了一条古代大道的废墟，瞻仰了罗马各处的景致，这些景致在别的地方是绝对看不到的。他还到过梵蒂冈，参观了存放在贝尔维德墙上壁龛里的塑像，并且参观了一个画廊，那儿有教皇从意大利各地搜集来的画作。蒙田丢了钱包，里面的东西也丢了。他想到可能是在几次施舍时，天气潮湿多雨，令人心烦，他在匆忙之际，没把钱包放进口袋，却放到裤子外，钱包就滑落了。

每天他都开心地四处走动，仔细研究罗马的每个角落。一开始，他请了一个法国人当向导，但是蒙田后来对向导不满，赌气决定自己钻研。晚上他看了些书和地图，白天来到景点实地印证；没过几天，他就可以随心所欲地指引他的向导了。

他说："在罗马看不到别的，只能看到它的天空和它的形状轮廓。"他对于罗马的理解是抽象的、观照式的，用大脑来思索，而非借助感官来体验。罗马并没有留下任何实体，可以满足我们的感官。他又说，凡是说在罗马至少看到废墟的人，是言过其实了：因为这城市骇人的废墟，可以激起赞赏和尊敬，而罗马只剩下坟墓。这个世界不愿长久由罗马统治，先把罗马美妙的躯体击成碎片；然而发现罗马即使倒下，面目大变，还是令人恐惧，竟把它的废墟也掩埋起来。他说，它的废墟像一个个小妖精，从棺材里站起来，命运把这些小妖精保存下来，以证明罗马的伟大。罗马的废墟经历了那么多个世纪，那么多曲折和阴谋，却没有从世界上消失。不过，它剩下的那面目全非的肢体，是它最不值一提的。而罗马之不朽荣耀的死对头，总是毁灭罗马最美和最有价值的东西以泄愤。

现在罗马一片残破，尽管近几个世纪来的人仍称赞它的建筑，却使人想起在法国，于格诺教派拆毁的教堂里，麻雀和乌鸦在屋顶和墙上所筑的巢。蒙田认为，罗马这座坟墓所占据的范围很难确定，他不敢说大部分的坟区没有被掩埋起来。现在看到的是罗马微不足道的部分，就像破瓦碎罐，但仍可以证明它在过去非常壮伟，足以和高山比肩（他认为它和居尔松山冈一样高，而且比这座山冈宽一倍）。借着表现出罗马的壮伟、永不褪色和不同寻常，命运之神下了一道紧急命令，要让世人感受到这座城市的光辉灿烂和无与伦比。

蒙田说，由于这七座山头，特别是卡皮托利尼丘和巴拉丁丘，所拥有的面积和空间很小，无法使人轻易相信，罗马能够容纳下这么多建筑。只要看看和平神庙和罗马广场的建筑（似乎是刚刚倾圮的，像一座大山）的遗迹，就会觉得，这两座建筑似乎可以占据整个卡皮托利尼丘。而这座山丘上有 25 到 30 座神庙，另外还有好几幢私人住宅。但是，说实在的，根据对这座古城的描绘所做出的几个推测完全不同，因为甚至它的地形也已经变了：所有山谷都被填满了，连最低洼的地方也不例外。比如，韦拉布仑河谷由于地势低，城市的阴沟在这里通过，而且形成一个水道，后来却比周围的山头还要高，因为几座巨大建筑的废墟填塞其间，所以，萨维洛山成了一部分马塞卢斯剧院的废墟。

蒙田大声疾呼，当古罗马人再见到这座城市时，会再也认不出它的面貌。好几次，深挖到地下以后，结果挖到一根柱子的顶部，这根柱子在地下仍然站立着。岁月流逝，城市的地形改变了，城市建筑也未能完整保存。以前的房子只能找到断墙或者拱门，在地下室中也是如此，基石和墙垣荡然无存。但是，在古老建筑倒塌的地方，由于命运的安排，又矗立起新的大厦，就像建造在坚硬牢固的大块岩石之上。有好几条旧街居然在地下九米处。

蒙田
《旅游日记》

在瓦奇诺原野上漫步的旅行者。

浪漫派笔下的罗马

18世纪的法国作家德·斯达尔夫人写了小说《柯丽娜》，故事发生在罗马，小说主角柯丽娜和奥斯瓦尔德，发现了罗马废墟如诗的魅力。

　　柯丽娜把奥斯瓦尔德带到卡皮托利尼丘上，奥斯瓦尔德从最高处眺望古罗马的遗迹，百看不厌。历史书固然会引发我们的思考，但是，这些乱七八糟的石头，这些与新住宅合成一体的废墟，对心灵所起的作用更大。眼睛对心灵有无比强大的影响力：见过罗马的遗址，会以为见到了古罗马人，仿佛生活在他们的时代里。阅读虽然可以提供给我们想象的材料，却不如亲临现场，眼见遗址所引发的想象力那样直接、那样强烈，思想因而有了生命。我们因此得以印证所知所学。

　　毫无疑问，人们讨厌看到这些现代建筑和古代遗址混杂在一起。可是，如今一个柱廊矗立在一个平常的屋顶旁边；在相邻的圆柱中间，开设着教堂的小窗口；一座坟墓成为一个农家的住所。崇高和平凡混杂在一起，产生了有所发现的快乐，这种快乐又引起持久的兴趣。在大部分欧洲城市里，一切都显得平庸而缺乏诗意；比起任何其他城市，罗马显得更加贫困破败，不堪入目。但是，突然，一根折断的圆柱、一块半毁的浮雕、一块与古建筑密不可分的联结在一起的石块，会使你想到人的身上总有一种永恒的力量，一种神圣的火花。人应该永远不要让这种永恒的能力消失，而且，要激发别人身上的这种能力。

在这个小小的罗马广场上，发生过许多千奇百怪的事，足以证明人类的精神伟力。在古罗马的末期，由碌碌无为的人统治天下，好几个世纪的历史只留下寥寥几件光荣事迹。这个罗马广场地方虽然不大，却是当时城市的中心，城市的居民要为自己的地盘而战。回溯历史，这个广场是世代英雄的主题。永恒的荣耀，归于自由而勇敢的人民，因为这样的人民俘虏了后代人的心。

柯丽娜告诉奈尔维尔爵士，在罗马只能找到少数几处共和时代的遗址。引水渠和水道，是共和国及其之前的诸王唯一兴建的大型建筑。共和时代只留下有实用价值的建筑、纪念伟人的陵墓和几座砖砌的神庙。直到征服了西西里以后，罗马人才开始用大理石来建造纪念建筑。但是，看看发生过大事件的地方吧，可以感受到一种无法形容的激动，近乎朝圣者的宗教热情。一个各方面都闻名遐迩的地方，即使失去了伟人和纪念建筑，仍然能够激发想象。引人注目的实物不在了，但是回忆的魅力永存。

德·斯塔尔夫人
《柯丽娜》

旅行日记

法国小说家左拉决定写一部关于罗马的小说。他在1893年来到这个年轻的王国；彼时，这个城市卷入投机活动中。

在废墟中度过一整天，感到难以消化，而罗马的壮伟要靠废墟来展示。早上先到罗马广场。韦斯巴芗时代遗留下来的圆柱，在蓝天下显示出挺拔和力量。关于朱丽亚大教堂，只有一点可说：它被埋在地下。罗马广场总是使人惊叹，但是若把它跟竞技场、卡拉卡拉浴池比起来，就显得狭小。罗马人的生活有时似乎困在非常狭窄的空间里（利维楼等），有时又展开在巨大的空间里。为什么会这样呢？这个问题有答案吗？接着是贞女庙的中庭，以及这些贞女的古"修道院"：这儿颇有意思。

卡利古拉宫的遗址从巴拉丁丘上崩塌下来。米兰达的圣洛朗佐教堂就在对面，它建在安东尼努斯和福斯丁娜神庙里面：教堂位于另一种宗教的神庙里，有红色斑岩的圆柱。尤令人称奇的是君士坦丁大教堂，它有三个大门廊、三个开口的穹顶、三个藻井,从穹顶落下的一块建筑材料硕大无朋!为什么建筑会这样巨大,这样厚实呢?从君士坦丁大教堂前面的"圣道"看过来,可以看到罗马广场,景色悦目。"圣道"蜿蜒而上。凯旋的战士坐在战车上,经过这条大块石头铺的路时,大概要颠簸得很厉害。广场如今成了废墟,一片荒凉,尘土飞扬。没有任何草地,只在"圣道"的铺路石块间,长着几根草。夏日炎炎,少数几个立柱投下狭长的阴影——福卡斯皇帝的圆柱和各个神庙的圆柱。塞威鲁凯旋门、用喙状舰首装饰的讲坛等,四周都是神庙。

  随后,我来到竞技场。这是一堆巨大的建筑,一边崩塌了,另外一边仍然矗立着,门窗衬托在蓝天之上。到处可见有拱形圆顶的走廊,或者像斜坡一样没有开头的楼梯。竞技场像一个石头制的花边,缺口衬着蓝天。天空十分澄澈,小块乌云飘浮着。要描述这个巨大的竞技场,就要说场内观众多达八万人,皇帝有个包厢,下面是供奉贞女座。太阳把废墟都烤熟了,废墟金光闪闪,虽然一半倾圮了,却仍然雄伟壮丽。提图斯凯旋门有一组浮雕,描绘战败的犹太人做了俘虏,手里捧着一座有七个分支的蜡烛台。

  下午,我来到卡拉卡拉浴池。这是一栋巨大而难以形容的建筑。两个极大的前厅,用石头镶嵌的图案保存得非常好。一个洗冷水浴的地方,留下一个池子的痕迹,这个池子能够容纳500人。温水室也非常大,蒸汽浴间同样如此,旁边还依稀可看到有一排锅炉。有各种各样的房间,至今仍不知是什么用途。大厅之高,墙壁之厚,建筑之大,都是不寻常的。我们中古时代坚固的古堡,绝不会建得这样大。怪诞的台基由砖和水泥砌成,而且都盖着珍贵的大理石,用塑像来装饰,巨大又奢华。这是哪一种巨人的文明呢?从旁边经过的人宛如蚂蚁。简直可以说,这些受到剥蚀的岩石和材料本来是要用来建造巨人的住宅。

左拉
《罗马游记》

摄影家帕尔克

英国出版商和书商帕尔克于1863年在罗马小住，陶醉于罗马的古建筑。后来帕尔克创办了一个考古学爱好者协会，举办了许多次读书会和旅行。1860年左右，他着手进行一个大计划，要把罗马的主要建筑系统地拍摄下来。1879年，他将工作成果集结成书，全书约有3300幅照片。

上图是罗马郊外，克劳狄引水渠的遗迹。右下图是一座神庙或者一座坟墓的废墟，1873年在卡拉卡拉公共浴池发现的。左下图是克劳狄引水渠的蓄水池，位于距离罗马5千米的地方。

摄影家帕尔克　　161

左上图:装饰一座坟墓用的柱子。右上图:格吕萨莱姆的圣克罗齐教堂的隐修院内景。下图:哈德良神庙的遗址。

上图是竞技场前面的喷水池"Meta sudans"遗迹,20世纪30年代时被拆毁;下图是在弗拉米尼亚大道上纳索家的坟墓,曾经用富丽的绘画来装饰,今日这些绘画已经消失了。

挖掘史

第一批来到罗马的考古学家
也是寻宝的人。
他们千方百计搜寻文物,
以便一夜致富,
或者扬名立万。
在最早记录下
挖掘工作的著述中,
可以读到这种贪婪和焦急,
期望一鸣惊人的心态。

一个艺术家和古代

塞利尼(1500—1571)擅长雕塑和制造金银器,因而闻名遐迩。和同时代的其他艺术家一样,他画下古建筑,并且列出清单,也搜寻文物珍宝。

当罗马出现一场来势汹汹的鼠疫,每天有几千人死去时,我大约23岁。我有点恐惧不安,于是去找一种新乐趣。节日里,我去参观古代的纪念建筑,把它们画下来,或者用蜡做成模型。在这些建筑的废墟上,有无数的鸽子窝。我真想用枪把这些鸽子打下来。我因为怕染上鼠疫,避免和人接触,便让帕奥利诺扛上喇叭口火枪,两个人前往那些废墟;回家时往往满载而归,带回肥嫩的鸽子。我射

佛罗伦萨雕塑家塞利尼。

击技术高超,只需要装上一颗弹丸,并且总是弹无虚发。这支火枪是我亲手制的,枪管笔直,里里外外闪闪发光。我自己制造一种颗粒很细的火药,同时发现了秘密:当火药只用弹丸的五分之一重的分量时,水平射击却能够达到两百步远。

毫无疑问,我的武器所带来的快乐,可能使我远离我的职业和探索;但是,另一方面,我所得到的远远大于失去的。每次打猎都使我身体状况又改善了一些,新鲜空气令我身心舒适。我本性忧郁,而打猎能让我充满喜悦,比起以前全心投入研究工作,现在反而进步许多,思想也变得非常活跃。这样做的结果是得大于失。我也因此认识了追逐珍宝的人,他们窥伺着那些一到季节,便到罗马来挖葡萄园的伦巴第农民。在翻地的时候,他们常常会找到古代的勋章、玛瑙、光玉髓、浮雕玉石,也有碧玉、蓝宝石、钻石和红宝石。寻找金银财宝的人从农民那里买来这些东西,有时几乎不用花什么钱;往往我把这些东西再买下来时所付出的金币,要远远超过他们支出的钱。我再转手卖出去时价格至少提高十倍,获利丰厚。

此外,几乎罗马所有的红衣主教都和我有交情。我举几件罕见的文物来说明:有一座王太子的头像落到我手里,这座头像如蚕豆一般大小,是用来作投票的器具。我提起这件东西,并非由于它很美,而是因为在这件东西上,大自然超越了艺术。这是一颗碧玉,色泽绝美,以几十个金币向我买下来的人,把它镶在一枚普通的戒指上,以十倍的价钱卖掉。还有另外一件宝物,一颗黄玉做的头,这一回,艺术与大自然并驾齐驱。黄玉有胡桃般大小,被雕成智慧女神密涅瓦的头,造得十全十美。还有一例,有一块玉石被雕刻成赫克力士锁住三头狗,塞尔珀洛斯,巧夺天工,光华四射,连我们伟大的米开朗琪罗都说,他还没见过这样的珍宝。我有许多青铜勋章,其中一枚制成朱庇特的头。我从没见过雕刻得这样好的勋章,反面刻着细小图像,同样精致。我有不胜枚举的奇珍异宝,为了简洁起见,只得停笔了。

塞利尼
《自传》

有趣的研究

建筑家瓦卡的回忆录,是第一个挖掘记录。即使他有时把逸事看得比事实还重要,这本书仍是珍贵的文献。

斯特罗齐先生在苏布拉那边的圣母玛利亚山峰上,挖掘出七尊塑像,比真人大两倍。他把这些塑像送给了当时罗马的红衣主教裴迪南多。其中最完美的是一尊阿波罗神像。这尊神画像经过我仔细修复以后，便放在三神峰的宫殿入口，螺旋形楼梯的第二层。

我的父亲加布里埃尔·瓦卡曾告诉我，红衣主教瓦尔热衷于挖掘珍宝。他派人在阿格里巴的古罗马公共浴池挖掘，在那里找到了一顶镀金的古罗马大皇冠。由于这顶皇冠很像在罗马街道上出售的环形小饼干，工人们便说："这是一块环形饼干。"为了得到赏钱，他们跑到红衣主教家里，对他说："我们找到了一块青铜做的环形饼。"不久，到这里来开店的客栈老板拿这个环形物当招牌。因此，这间客栈就叫"环形饼"。

我现在住的这幢房子，就建造在古罗马的公共浴池之上。在筑墙的时候，我发现了水。我用铁桩探底，找到了一个科林斯式柱头：花形的尖角有四拃宽，每一拃是拇指与小指张开后的距离，相当于罗通德宫柱廊的柱头那样宽。水很大，必须止住出水。建地下室时，我发现一个很大的凹洞，里面塞满了扁形陶管，是用来给这个房间输热的。再往下，我发现地上铺的是大理石板。石板下有厚厚的一层石头，石头下有许多柱子支撑着。炉子就在两根柱子中间：炉子里还有灰烬和煤炭。另外还发现了一个大洞，里面放满了铅板，这铅板用钉子固定住；此外有四根大理石柱，不是很粗。随后，我决定继续筑墙，不再往下找了。

我记得，在教皇朱利乌斯三世的时代，即1550年至1555年间，就在勒塔里家族居住的街上、靠近司法宫附近，有人在一个地窖下面发现一尊庞培的塑像，有15拃高。塑像头颈以上

卡拉卡拉公共浴池（这幅图画的是废墟）在206年开始建造，包括健身房、运动场、艺术画廊和几个游乐场，可以接待1600人。

有一堵隔了两幢房子的隔墙。其中一幢房子的主人认为隔壁房子的主人无权占有这尊塑像，两个人都认为自己应该拥有它。其中一个人宣称，既然他占有这尊塑像的大部分，塑像理当属于他；另一个人则说，由于头在他家里，而头是塑像最主要的部分，所以塑像应当属于他。争吵过后进行判决：法官愚昧，判定将头一切为二，每人一份。可怜的庞培啊！古埃及国王托勒密割下他的头还不够，他变成石头，噩运还继续跟着他！当这个愚蠢的判决传到红衣主教卡波迪费罗耳朵里时，他下令延缓执行，亲自去见教皇朱利乌斯三世，将事情原委告诉教皇。教皇大感吃惊，马上下令，按主教的意思挖掘下去。他给两幢房子的主人送去500埃居，让他们平分。一挖出塑像，他便把塑像赠送给那个红衣主教。当然，这是教皇的判决，但是也需要卡波迪费罗那样的人物（这个名字意即"铁头"）。如今，这尊塑像被安放在位于西斯托桥的主教宫大厅里。

在我父亲的葡萄园里，靠近萨拉拉门的围墙内，有一块地，叫作萨吕斯特花园。挖掘时发现了一幢椭圆形的巨大建筑，有一道柱廊围绕着，柱廊上黄色柱子的圆周长达18拃，柱子上饰以凹槽，柱头和基石都是科林斯式的。这座椭圆形建筑有四个通往楼梯的入口，从楼梯下去就能看到地板。地板的材质是带斑点的大理石，大理石排成一个个漂亮的方格。每一个入口都有两根透明的东方式大理石柱。在这幢建筑下面，我们找到几根大管子，大得可以让一个人在里面直立行走，这些管子外面都覆盖着希腊大理石板。另外还找到两根长10拃、直径1拃的铅管，上面刻有"NERONIS CLAUDIVS"（尼禄·克劳狄）的字样。还找到了许多3世纪初的皇帝戈尔狄安的勋章，由金属和银制成，像一个铜币那样大，有许多镶嵌画。蒙特普夏诺的红衣主教买下了那些黄柱子，用来建造圣彼得罗·蒙托里奥教堂的栏杆。他还买下那些希腊大理石柱，叫人磨光其中一根完整的柱子，而用碎裂的柱子做成桌子，然后加上其他文物，送给葡萄牙国王。可是，来到大海时，易怒的命运之神施威，将这些文物葬于海底。

在罗马广场靠近萨拉拉城门那一边，我看到挖掘巨大台座的工程，这些台座如今被放在红衣主教法尔内塞的画廊里，台座上写满了文字和名字。

好几年以前，我常四处考察文物。有一次走出卡波·迪·博韦的圣巴斯佳诺门，到一间小客栈避雨。我和客栈老板聊天，他告诉我，几个月前，来了一个人，要找火种。当晚他带了三个同伴来吃饭，随后又一起走了。这三个同伴一言不发，一连六个晚上都是这样。客栈老板起了疑心，生怕他们要做坏事，于是决意告发他们。因此，有一晚，正当他们像往常一样来吃晚饭时，他借着月光跟踪他们，看到他们走进卡拉卡拉竞技场的洞窟里。翌日早上，他向当局告密，当局立即前往搜查。在这些洞窟中搜索时，当局发现有人挖出大堆泥土，而且已经挖出一个深洞，洞里有很多陶罐碎片，看来是最近打碎的。扒开这层泥土以后，便看到藏着的一些铁器，是用来挖土的。我想弄清真相，想想路又不远，便赶到那里，我看到一堆土和陶罐碎片。也许他们是哥特人，根据古老的资料，找到了这个宝窟。

在戴克里先时代的公共浴池后面，有个葡萄园主想盖一座小别墅，无意间发现了两堵墙。他在两堵墙之间挖下去，发现一道壕沟；他挖开壕沟，走了进去。里面像一个炉子。他发现18颗哲学家的头，排列整齐，塞萨里尼先生买下了这些头颅。后来，鸠利亚诺先生又把这些头颅卖给了红衣主教法尔内塞。如今，这些头颅被放在红衣主教的艺术品陈列室里。

瓦卡
《回忆录》

法国人在罗马

夏多布里昂在1803年和1828年，两次被派到罗马执行外交使命，他观察到法国对罗马考古学所产生的影响。

法国人在督政府时期（1795—1799）首次入侵罗马，大肆掠夺；第二次在第一帝国时期（1804—1815），他们处事很不公正，但是建立秩序后，社会就安定下来。

法兰西共和国通过停战协定，要求罗马赔款2200万，占领了安柯纳古堡，根据法国专员的要求，献出一百幅油画、塑像和一百部手稿。法国人尤其想要布鲁图斯的胸像和奥理略的胸像：当时在法国有多少叫布鲁图斯的人啊！他们想拥有被推定的父亲的塑像，这是自然的事，但是奥理略呢，他跟谁有亲缘关系？5世纪的匈奴王阿提拉要撤离罗马时，只要求若干胡椒和丝绸；而今，罗马要用画来赎回自由。大艺术家在世时不受重视，命运不佳，他们留下的杰作，竟被用来赎回不了解他们又不思感恩的城市。

第一帝国时期的法国人，要弥补第一共和国时期法国人劫掠罗马的恶行，还要为一位法国君主的军队在罗马的洗劫赎罪：波拿巴皇族的后代，要修复前一个波拿巴造成的废墟。法国政府清理罗马广场所遵循的计划，正是拉斐尔向利奥十世提出的计划：法国政府挖出朱庇特神庙的三根圆柱；挖出协和神庙的柱廊；发现了"圣道"的路面；拆除了覆盖和平神庙的新建筑，铲除了覆盖竞技场梯级的泥土，挖空竞技场内部，并挖出七八个提图斯时代的大厅。

另外还挖掘了图拉真广场，也修复了万神庙、戴克里先时代的公共浴池、贵族廉耻心神庙。投入资金，保护罗马城外的古城法莱利的城墙和梅泰拉之墓。

不仅修复了"无墙圣保罗教堂"的屋顶——这座教堂今日已不存在了——同时也修理了几处现代建筑，圣阿涅斯、圣马蒂诺-埃-蒙蒂也免受岁月侵蚀。重建了圣彼得教堂的一

1820年左右，挖掘古罗马广场的景象。

部分阁楼和路面，在米开朗琪罗圆顶上装了避雷针。在城东和城西，划定两处墓园的位置。靠近圣洛朗佐修道院的东部墓园，已经竣工了。

基里纳尔宫的外表寒碜，用斑岩和罗马大理石装饰起来后，就显得十分豪华。拿破仑指定这是皇宫，住进来之前，他想把教皇被囚禁在枫丹白露的痕迹抹去。有人提议，拆除在卡皮托利尼丘和卡瓦洛山之间的那部分城市建筑，以便让获胜的法国元首通过宽阔的大道，进入官邸。但是形势的发展出人意料，梦想化为泡影。

在里佩塔到大里帕之间造码头，已经列入计划：码头要建起来；在圣使古堡和吕斯蒂库齐广场之间，要买下四个住宅群的一部分，把住宅通通拆除；圣彼得广场要开辟一条大路，好让人从圣使古堡下面就可以望见圣彼得广场。

法国人到处开辟可以散步的地方。我曾经在开罗见过一大块正方形的园地，法国人在园里种满了棕榈树，周围都是咖啡店。这些咖啡店借用了巴黎咖啡店的名字。

波波罗广场的西部被工地和商店占了，从林荫大道尽头，可以看到卡皮托利尼丘、梵蒂冈和台伯河那边的圣彼得教堂，也就是说，可以同时看到古罗马和现代罗马。

夏多布里昂
《回忆录》

德国人在罗马

《中古罗马史》的作者,普鲁士人格雷戈罗维乌斯,在意大利统一前夕住在罗马,为当时的重大发现和严重损毁留下见证。

1871年6月18日

罗马变成一个白色的墓园。房子和古老的大厦都被刷成白色,刮掉了历代积下的污垢后,看到罗马的建筑原来是如此丑陋。罗萨甚至叫人清理竞技场,砍掉所有的树木,而这些树木本来把竞技场装饰得很漂亮。几年前,英国人德坚写了一本书讨论此事。这个神圣的城变成一个俗世的城,与昔日信奉异教的罗马改信基督教时,表现出相似的改造热情。修道院改成办公室:打穿修道院有栏杆的窗户,或在墙上开设新的窗户和大门。千百年后,阳光重新射入这些修道院。圣西尔维斯特修道院、菲利平族的修道院、密涅瓦修道院、战神广场的奥古斯丁修道院、圣徒修道院,就这样在短时间内变了样。院里的修士像狗一样被赶了出来。他们踯躅在修士房间和走廊里,真是惨不忍睹。不过,有的人获得自由,大约很令他们高兴。古老的罗马出现新曙光。20年后,这里会有另一个世界。而我,在古老的罗马生活了那么多年,真是

19世纪末叶在古罗马广场上的挖掘情景。

幸事。我只能以这种心情写我的书。

1873年1月12日

今年冬天无比暖和。罗马的天空灿烂辉煌，夕阳无限好。各项建设如火如荼展开，街区和山头一片混乱。昨天，我看到奈格罗尼别墅的大墙倒塌了，那儿要造新路；在禁卫军营地，已经出现了一个新区；在靠近"戴花冠四圣人"的塞利奥附近，也建起新区；甚至在帕尼斯佩纳的圣洛朗佐，也开始建设。每时每刻，我都看到古罗马的一堵墙壁倒下来。新罗马属于新一代的人，而我，属于旧城，迷人的寂静才是我的记忆。如果我是第一次来到罗马，我绝对想象不出这个城市原来的模样。

1874年4月2日，罗马

修道院已经全部关闭，也被弃之不顾。有一天晚上，修士要搬走的前夕，我到圣奥诺弗里奥去。来到教堂前的广场上时，我看到几个修士坐在石井周围，愁容满面，默默无语。雅尼库伦丘上空，有一块黑云覆盖着修道院，只见电闪雷鸣。

在吕西纳的圣洛朗佐，建了一个收藏罗马文物的国家博物馆。其他修道院还没有派上别的用场。国家档案馆搬到战神广场的圣母玛利亚修道院里，这是希腊巴齐尔人的修道院。在万柯利的圣彼得修道院旁，山上的亚美尼亚人办了一所学校，因此得以保持原样。他们还在圣彼得修道院建了一所综合工艺学院。在奥古斯丁和密涅瓦修道院，修士留下来当图书管理员。我还没有参观过这些图书馆。我曾在这两个修道院住过几年，受到良好的待遇。既然我受到了排斥，我不愿看到这些善良老人的惊讶面孔。

竞技场的挖掘工作继续进行，巨大的引水渠重见天日。没有发现任何重要的塑像。为了便于挖掘，拆除了绘有耶稣受难过程的全部小教堂，甚至拆掉中间的十字架。此举在信徒之间和梵蒂冈那边掀起了风暴。副红衣主教赶走了总管罗萨；连续几天，游行的队伍来到竞技场祈祷。但是挖掘工作没有因此而松懈。

在圣母玛利亚修道院附近，挖出一幢古屋，是一间有彩绘的会客室，也许是梅吕拉宫的一部分，街道就以此宫命名。

格雷戈罗维乌斯
《罗马日记》

基督教考古学

近代，发现地下墓室后，
我们得以重新了解
早期基督教的葬仪。
由于教皇积极支持，
罗马的地下逐渐
引起大家的兴趣。
因此，1939年至1949年之间，
庇护十二世派人
在圣彼得大教堂下面
寻找圣彼得的坟墓，
挖出一个古代大墓地和
一条罗马古道。

德·罗西是基督教考古学的创始人。他的《地底罗马》资料丰富，极具参考价值，也是一部描写他在地底冒险的作品。

圣卡利斯图斯的墓园

圣科尔内留斯的地下墓室

　　1849年，在今日已经成为圣徒宫所在地的莫利纳里葡萄园里，我发现了一块大理石碎片，碎片上镌刻着美丽的文字，还残留着圣科尔内留斯的部分名字：RNELIVS MARTYR。我觉得这碎片属于最初刻在圣科尔内留斯坟上的碑文。我拿给马尔希神父看，于是神父替吉尔什里亚努姆博物馆买了下来。

　　四年以后，1852年3月的一天……我和马尔希神父一起，一直走到北面走廊的尽头。那儿堆满了土，我们只好弯着腰往前走。在尽头看到一个洞，是新近在凝灰岩中挖出来的。我们把头伸进洞里，看到一个大厅，里面塞满的不是掘墓工扔进去的土，而是从上面落下来的瓦砾。今日的盗墓者在这些瓦砾前止步了，没有把洞挖大。读者已经知道，这是非常好的迹象。今日的搜寻工作与过去的工作做法不同，我们要在从天窗、楼梯、或者改变了古墓的建筑废墟落下的瓦砾中，去寻找被掩埋的地方。而盗墓的人却相反，当他们遇到这种地方,便停下来,没有在凝灰岩和古代掘墓人堆土的地方挖下去。

这势必带来重大发现。

先是出现一座用好砖砌成的凯旋门,表示古墓曾经改建和修复过。随后,在凯旋门下面,我们发现了两幅圣徒画像,都是拜占庭风格。显然这是个有名的古墓。第一幅画旁写着:……SCI CORNELI PP。第二幅画旁写着:……IPPI……N……读者一定记得,我提到过3世纪的迦太基主教圣西普里安,对他的崇拜与对圣科尔内留斯的崇拜是连在一起的。那么,读者可以马上读出第二个名字:CIPRIANI。因此,科尔内留斯和西普里安是在卡利斯图斯墓园的古墓里,离圣西克斯图斯和女殉教士圣塞西尔的地下墓室不远。

关于圣科尔内留斯,地形学家曾给我们许多准确的说明,还要怀疑眼前这不是圣科尔内留斯的坟墓吗?至于我,我一看到这两幅画像,就有说不出的快乐(我是第一次来到地下墓室,面对一座教皇的坟墓),也就不怀疑这幅画旁边的坟墓,是不是我设想的那座了。

在坟墓的另一边,我们看到其他身穿祭司服的圣徒像。第一个圣

卡利斯图斯地下墓室的第一个房间,博齐奥为《罗马的地下》一书所作的插画。

徒的名字是完整的——SCS XYSTVS PP ROM；第二个圣徒的名字被抹去了。这些画像所装饰的坟墓是敞开的，没有任何石头的痕迹，也不见铭文，而在从前，这些铭文都是做封墓用的。

在坟墓入口上方的右角，镶着一块大理石，上面有几个罕见的大马士革文字。在石棺前面还留下一篇长篇铭文的一小段，铭文的形状和比例都很大，用的是近乎大马士革文字的字体。这两块残文的音节都不像是一个名字。坟墓上幸存的文字所缺少的东西，在第三块残文上找到了：第三块残文在坟墓中是平放在地下的。这段残文和我四年前在葡萄园里找到的一段残文，组成了全部铭文：ORNELIVSMARTYR EPISCOPUS。这个珍贵的题铭，是由分别发现的两段残文，加上另一段铭文——刻在坟墓入口处、大理石最上端的文字等一同拼出的。大理石上已无其他文字。铭文正好将坟墓堵上。从大理石板的厚度来看，正是这块石板封住坟墓的：在坟墓的左角，还留下用白粉写下准确厚度的痕迹。

德·罗西
《地底罗马》

基督教考古学的总结

尽管基督教考古学才起步不久，却已经有一段历史。法国全国科学研究中心（CNRS）研究员、地形学教授佩尔戈拉，叙述了这门学科的方法和目标的发展过程。他认为，这门学科是"研究原始基督教的档案"。

基督教考古学在 20 世纪有很大的改变吗？

今日的基督教考古学，已不是博齐奥时代的考古学，也不是德·罗西的考古学，而是这种考古学的延续，但是对这种亲缘关系感到骄傲。基督教考古学像一般的考古学一样，集合了艺术史家、碑铭学者、文学渊源专家和挖掘工作者等。挖掘人员采用的挖掘方法，可能是"传统的"，像是运用今天受到严厉批评的挖掘法；或者吸取最新的掘进技术，比如"'伸展'挖掘法"。

传统上，基督教考古学注意古代末期和中世纪前期的基督教建筑，尤其是教堂、洗礼小教堂、修道院或者坟墓。今天，它的探索领域扩展到整个社会，包括经济和政治。因此，大家提起古代末期和中古前期的考古学时，称之为"基督教考古学"。以前，这门学科重视 7 世纪初之前（即圣格利高里一世治下末期）的建筑，今天我们至少要延伸到 9 世纪。

在古代末期和中古初期即信奉基督教的西方各国，今日都有基督教考古学的专家。不过，除了少数例外，他们的所有活动都跟罗马及其传统机构保持联系：特别是基督教考古学教皇委员会，从19世纪中叶以来，它就管理了古罗马地下墓室的挖掘和保存工作。此外，基督教考古学教皇研究院也是一个例子，它建于1925年，接收来自世界各地的大学生，让学生用三年时间准备博士论文。

19世纪末以来，德国就有一个类似的机构。法国在这方面也有传统，教士对高卢和北非（殖民地时代）进行研究，大学里也做历史和考古研究。尤其是马鲁领导的研究工作（最近三十年内）；今天，皮埃特里的"变化"证实了上述的研究工作。皮埃特里是马鲁在巴黎大学的继任者，从1938年开始，任法国的罗马学院院长；此外，巴黎大学教授迪瓦尔，或者普罗旺斯大学教授弗里埃的研究工作也不容忽视。

最近三十年有哪些重大发现和重要争论呢？

想要一桩一桩列出所有新发现和争论，恐怕不可能。大批的建筑被挖掘出来，这些新发现使人们开始重新检视以往视为理所当然的理论。单就罗马和地下墓室来说，由于研究和科学思考方法的更新，就有好几种理论被推翻了。

在罗马，最有成就的发现，是挖掘出拉丁大道的地下墓室，这个墓室装饰着富丽堂皇的绘画，技法非常独特。以这种形式来表现《圣经》题材的画还闻所未闻，和现今看到的放在罗马地下墓室的几百组画相比，显得非常有独创性。在这些《圣经》题材的画旁边，还放着这个屋子的主人请人画的异教题材的景致画。这个建筑建于330年至338年之间，里面的画足以表现基督教徒和异教徒之间的某种宽容和紧密的关联，出乎考古学家和研究古代末期的历史学家的意料。

至于地下墓室本身，从最近的研究得知，原来不是基督教徒的。事实上，地下墓室独立于所有的教派之外，这种埋葬在地下巷道内的方法，在头几十年中广为大家利用。

最近三十年中，由于新一代研究者进行的地层挖掘，基督教考古学扩大了它的阶层和活动领域。这些"细致"的挖掘工作，往往使人重新看到建筑的变迁，重新看待古代末期和中世纪初期：在好勇斗狠的蛮族人入侵以后，并没有出现断裂，而是在各方面产生循序渐进的变化，缓慢地向中世纪过渡。例如，从三十年前的研究起，重新定位伦巴第人。现在，也重新评价旺达尔人：他们来到非洲后，没有斩断传统的经济往来；他们所到之处带来毁坏，在定居若干省份时造成破坏，如今只在过时的著作中才看得到这类说法；近年的考古发现完全推翻了这些过时的理论。

法国全国科学研究中心研究员、基督教考古学教皇研究院地形学教授佩尔戈拉访问记

1990年至2000年，十年挖掘地下墓室：一些发现

圣塞巴斯蒂安墓

这座坟墓在阿皮亚大道边上，从前称之为希亚拉维格利奥葡萄园，保留了许多令人意料不到的东西。事实上，前两次进行的挖掘从1983年和1990年起，发现了新的区域和具有毋庸置疑价值的肖像和题铭。根据某些标志，可以确定，这是圣塞巴斯蒂安墓的周围部分，往昔已经得出这个结论。

在近期的发现中，有一幅非常杰出的画，位于一条走廊尽头的一个小房间里：这幅画表现了圣彼得和圣保罗的拥抱。最近，在风格和题材准确对照的基础上，可以将这幅画的年代上溯至4世纪末。这是第一幅风俗画，这种肖像题材是凭借在石头和象牙上雕刻的样品才传之后世。但是，由于所谓"传教回忆"的墓园建筑（壁画由此而来），传统上将彼得和保罗成双配对的崇拜结合在一起，这就不是偶然的了。这两个使徒的肖像富有特点，由四个被棕榈树隔开的人物围绕着；四个人中有两人可能是门徒，正在向使徒热烈欢呼。上方，一块红色的基督像笼罩着这个场面，仿佛要把它封闭起来。

1994年发表的一个非常宝贵的题铭，也来自希亚拉维格利奥葡萄园。正反两面手写的文字——亦即刻写在支柱两侧——这个题铭将六个片段组合起来，重新构成一个整体。在一侧，可以认出死者的名字——费利西西莫——而在另一侧可以看到一个匿名的信徒——他的名字已经消失——的题词，正如在一座可敬的坟墓旁边的另一个坟茔搜集到的东西具有的标志。幸存的最后两个字母令人设想，可能这是一座圣于蒂希安的坟墓，由于教皇达马苏斯一世（约305—384）献给他的著名墓志铭，他成为有名的殉道者，这个题铭今日保存在圣塞巴斯蒂安大教堂中。刻有这段重要引文的石板，可能始于5世纪初，构成了对今后来说一个有意义的因素，确定了圣塞巴斯蒂安墓这个区域的属性。

挖掘活动导致发现其他墓碑，其中有四块墓碑和上述题铭处于同一时期。另有一段文字是指明坟墓时不常用的——copertorium corporis（身体的覆盖）——在行文不同的墓志铭汇编中闻所未闻。另一块石碑以三个希腊字母组成的首字母组合词为前导，在基督教的题铭学中十分有名，但在罗马的题铭中还没有发现过。这是一种藏头诗——每行诗的开头字母按顺

序读下来，构成一个名字或者其他确定的字——使人想起基督的人类属性，例如他是玛利亚所生。在无数异端存在的时代，人们想确定并介入某些教条，即使在墓志铭中。

初期的城市坟墓

从5世纪开始，对多个世纪规范的遵守，由罗马法确定下来；罗马法禁止在城市围墙内建造坟墓，这一条变得不那么严厉了：好几处零星的发现，实际上显示了在永恒之城中不同的地方存在坟墓。对这些考古材料的搜集和系统研究，让人得以建立5世纪至7世纪之间城市墓葬扩散设想，勾画出一个墓地和单个坟墓的地图，大部分坟墓的特点。这是一些简单的墓坑，挖在地面上或者是个"坟堆"，斜坡上覆盖瓦片。只是有钱人的坟墓很少见，这些坟墓具有讲究的标志，仿佛重新使用的石棺或者是砖石建筑。

在6世纪，城市坟墓逐渐失去了急迫和偶然的特点。正是在这时，常见的是用属于死者的物件去埋葬他，这种风气开始蔓延开来，尤其在塞留斯和奥皮乌斯山之间发现的坟墓可以证实这一点。然而，必须等到6世纪下半叶和7世纪初，才能看到丧葬设施的真正传播：水壶、小陶瓷瓶、钱币、武器、衣服和很少的首饰。

摆得满满当当的坟墓集中在交通要道的某些交叉点上、住宅群内部或者被遗弃的建筑内部，尤其在马尔齐奥原野的范围内，在这个时期，这里的人口仍然非常密集……

伊达·吉奥尔达诺
译自达尼洛·马佐勒尼的
《圣塞巴斯蒂安》和《公开》
见《考古学》
1999年12月号（第178期）

梅迪奇家族中的奥诺里乌斯（384-423，西罗马帝国皇帝）

1993年，在法兰西科学院的花园里开始的挖掘，导致发现奥诺里乌斯皇帝宫殿的遗迹。这位皇帝建造了这座宫殿，在阿拉里克（顿河三角洲的哥特人王国）的哥特人410年劫掠罗马之后几年，即416年，庆祝他战胜篡位者阿塔尔（公元前3世纪的国王）。

在奥雷利安城墙内，很少留有古罗马的景致，在复杂而动荡的历史中，这些景致被扫荡一空。城中心缓慢的改变过程，在19世纪最后的四分之一时间，经历了突然的加速，这时罗马被宣布为首都。在历代的发展过程中，广袤的地域荒废了，如今又建设起来。吕多维齐别墅的花园占据着潘西奥东面坡。山坡上面道路纵横交错，傍着高楼大厦，人们完全摧毁了别墅，不可逆转地抹去了大部分与萨吕斯特（约公元前86—前35，拉丁语历史学家）的豪华、具有皇家气派的住宅有关的证据。

一座修道院和一个科学院

潘西奥的另一面山坡上，有潘西奥的公共散步场所和两个法国机构——三神峰修道院和法兰西科学院——这个山坡有不同的命运。19世纪建筑热潮留有余地，这部分山冈保留了重要的历史遗迹，它们没有成为考古研究的对象，直至20世纪80年代初期。罗马的法兰西学院和罗马的考古监管局紧密合作，与法兰西科学院和法国在罗马的宗教机构保持一致，制订了对潘西奥西坡的系统研究大纲。从晚期共和国开始，这些研究治理了据普鲁塔克看来罗马最美的吕居吕斯的花园。这项研究根据以往的来源和文艺复兴以来的资料，并借助最近的地形假设，再现了极其丰富的景致，完全重现历史。

第一批发现

在挖掘工作之外，一年又一年，还要加上维修和重建三神峰修道院和梅迪奇别墅的紧张活动。这些工程有时获得重要的发现，这些发现影响了研究的进程。这是在1990年出现的，正在别墅的广场上开展工程：为了让喷泉的水循环使用而建造蓄水池，事实上让人发现了近古时期的一堵墙，就在普罗科普（5世纪末至562年，拜占庭历史学家）的一篇文章中，指明存在的一部分潘西亚纳大宅的准确地点，这个名字是人们给予那里的吕居吕斯的花园的称呼……

两年以后，挖掘一条沿着建筑东面墙壁的沟渠，表明豪华的装饰和有共和国印纹的砖非常重要。这种类型的砖的使用，只在恢复巴拉丁"体育场"和墙外圣保罗大教堂时才得到证实；它表明这类公共建筑不可能存在于410年阿拉里克劫掠罗马之前。实际上，在这个时期以前，潘西亚纳大宅属于阿尼西家族。

1990年2月至8月之间，在1200平方米左右的面积上进行的挖掘工作，几乎把这座建筑全部挖掘出来，显示出它不只是一座独立的宫殿，而且是加在先前存在的宫殿之上的一座新建筑。挖掘出来的一半以上的面积里，在南面是这座建筑的残余，可能是在5世纪初由奥诺里乌斯皇帝建成的。

尽管存在文艺复兴时期挖掘的一条大壕沟，还有位于下面的凝灰岩矿崩塌造成的毁坏地带，宫殿的图形还是清晰可见。一个半圆形的柱廊朝着城里伸展，方向是朝着墙外圣保罗大教堂壮观的中心——广场和巴拉丁丘——教堂同样是奥诺雷里乌斯建成的。柱廊还呈现出壮丽的路面，用加工过的彩色大理石来铺设，年代稍早一点，酷似塞留斯建造的瓦勒里宅的大厅铺面。柱廊前面的外部空间覆盖着大理石板。

蛇纹石和古黄色底子

从柱廊一直通向半圆形的宽敞大厅。这个大厅通过地下的管道系统取暖，完全用宝贵的大理石铺设墙面。在古黄色底子上用曲折的蛇纹石铺成的一段壁面，似乎应该属于其中。一个杂务院子靠着这个大厅，通过一道小楼梯，到达供应取暖系统的炉子。东面有一个曲线空间，挡住后殿半圆形状的采光井，将半圆形的大厅和另外两个大厅分开：一个大厅在北面，是长方形的，在东面被一个也是长方形的接待室封闭了，接待室被一个很大的出口照亮着；另一个大厅在南面，仍然是长方形的，东面有一个被部分封闭的半圆形后殿，也许上边高耸着一个大壁龛。

朝北方向的宫殿杂务房间的墙壁，倚靠在一个2世纪大蓄水池的扶垛上，由宫殿第二层通往屋顶，可以用作散步场所或者用作建筑不同部分的联结。在挖掘过程中，人们可以识别第二层的某些因素，其中有一个盛水盆和一部分大理石地面。这样挖掘出来的三个房间可能是演出的空间，特别是与柱廊相连的半圆形大厅，但是，不能确定它们相应的作用是什么。

可以看到许多崩塌的墙壁，令人设想，宫殿的摧毁无疑是一场地震引起的。可能这场地震在5世纪末震撼了罗马，这在古罗马竞技场的一则题铭中提到过。卡西奥多尔（约480—575，拉丁语作家）提到泰奥多里克（5至6世纪奥斯特罗哥特人国王）统治下，潘西亚纳大宅拆除大理石——也许是这座被摧毁的建筑的大理石——为了建造拉韦纳纪念碑（约510）。

后来，宫殿的正面被一个长方形的大蓄水池切断，这个蓄水池能容纳约1000立方米的水，今日还可以通过别墅的底层来到那里。这或许是贝利泽尔（约500—565，拜占庭将军）预见到，奥斯特罗哥特人的国王维蒂热斯（6世纪）536年至537年的围城。普罗科普叙述拜占庭将军选择了潘西亚纳大宅作为住处，不得不让人给城市的渡槽筑起围墙，以便阻止敌人进入罗马：对于被围的人来说，在城市内部建立重要的蓄水池是生死攸关的。

这些挖掘获得了关于古代地势的许多材料。罗马帝国宫殿在东面依傍一个2世纪的大蓄水池。这个时期，潘西奥地块属于阿西利·格拉布里奥纳大家族。这个蓄水池长80多米（人们无法挖掘出两端），可从对角线穿过整个挖掘区域。从相反一端到蓄水池，人们发现了一个小运河和阴沟组成的网络，建造年代可以上溯到1世纪至4世纪期间，与盆地和喷泉有关。现今只剩下一点遗迹，因为在文艺复兴时期，这片土地有过很大的沉降。

整个建筑建立在土方的平面上，时间是在1世纪的上半叶，应该属于瓦勒里乌斯·阿细亚蒂居斯在吕居吕斯的花园进行的巨大工程；吕居吕斯在提拜尔或者卡利古拉时期成为此地的主人。根据塔西陀的记载，这个非常富有的人物，来自维也纳，是高勒·纳尔博内人。他在那里建造起雄伟的建筑，可能是为了夺取帝位，就像三神峰的挖掘所清楚表明的那样。事实上，人们在那里发掘出一具巨大的山林水泽仙女像，与奥古斯都在演兵场北面建成的纪念建筑紧紧相连。他给朱庇特的题铭明显是在影射皇帝的形象。

在这巨大的女像前面，梅迪奇别墅广场的那块地用护土墙建成平台，也许这些平台拥有一个柱廊。这些墙壁形成方正的一大块白榴凝灰岩（火山凝灰岩），还用大量的砂浆连接起来。在附近重新找到的少量材料，表明从原始时期起，尤其在共和国中期，这片地被人占领过，似乎表明这些墙壁是在公元前1世纪上半叶建造的。当时这可能是为了建造吕居吕斯的花园而进行的首批工程……

其他构造无疑处于同一时期，不过是用网状砖石工程建造的，在西南面的埃尔齐埃纳图书馆下面被发现。在奥古斯都时期，这些花园属于演说家瓦勒琉斯·梅萨拉·科尔维努斯，人们用现今还存在的平台系统，建造了其他壮观的建筑。

"幸福之水"

在梅迪奇别墅的这块地上和某些构造中发掘出了不同的有人占据的地层，使我们能更好地认识文艺复兴时期的这座建筑。归于贝利泽尔建造的蓄水池，帮助我们证实16世纪上半叶克雷桑齐家族重新占据了这片地方（人们找不到中世纪的遗迹）。事实上，布置成鱼脊的砖石地面有一堵墙保护，用来保存雨水，并让水流到贝利泽尔蓄水池。在梅迪奇时期，是由"幸福之水"保存的，这个蓄水池一直用到17世纪中叶。

在16世纪下半叶，里西·达·蒙特普尔西亚诺红衣主教在世时，开始建造一个水池，吸纳从维尔吉纳水池抽取的水。这个水池无疑由费迪南·德·梅迪奇改造成一个装饰性的喷泉。1750年后，人们摧毁了这些建筑，这时哈布斯堡-洛林人想重新建立水网。正是在这时，人们摒弃了某些以往的因素，其中有一些建筑装饰品：一个大理石的小骨灰瓮，花园里一个半身像的胡子，还有一个题铭，回忆遥远罪恶的著名受害者：STILICONIS NOMEN ABRASVM（名为阿布拉索姆的斯蒂利康）。这是17世纪的一次庆典，为了安置16世纪在古罗马广场发现的斯蒂利康（约359—408，罗马将军、政治家）的大型题铭。这个题铭转到费迪南·德·梅迪奇的收藏里，可能要纳入他的喷泉中。这是工地唯一的题铭，令人想起旺达尔人出身的威武将军，他在408年被奥诺里乌斯处死。它在离纪念第一位西罗马皇帝而建立的宫殿不远处被发现，随后，罗马经历了一场悲剧，而斯蒂利康本来也许能够避免这悲剧。

伊达·吉奥尔达诺
译自亨利·布罗瓦兹、马尔蒂纳·德瓦伊、万桑·若沛维的
《梅迪奇家族的荣誉》
见《考古学》
1999年12月号（第178期）

巴拉丁丘：二十五年的挖掘

拿破仑三世时期，由皮埃特罗·罗扎进行第一批系统挖掘。1861年，拿破仑三世向弗朗索瓦二世·德·波旁买下了法尔内塞花园。随后，巴拉丁丘不断显现它的秘密。在20世纪下半叶，有最重要的发现。从1940年至1960年，发现的建筑（铁器时代的木板小屋地块、西贝尔神庙、奥古斯都的别墅）最能使人理解罗马史。由于罗马考古监管局和外国一些研究院合作，工地一再增加。

今日，我们对罗马的地形和居住条件的认识，已经彻底改变。这些挖掘工程有一部分还在进行，其结果发表在给专家看的出版物中，或者在爱娃·马尔加雷塔·斯坦比主编的五卷《罗马地形汇编》的综合文章中。

沿着从维斯太圣地至山丘的北角走，我们可以看到不同的团队在进行挖掘。从20世纪30年代开始，罗马的美国科学院已经开始在努马·蓬皮利乌斯（约公元前715—约前672，传说中的罗马第二位王）王的住所挖掘，这个住所随后成为战神和Ops Consiva的神庙；由布赖恩·莫尔学院的卢塞尔·司各特协调的一队人马重新挖掘，在联结雷吉亚大教堂、维斯塔神庙和维斯塔家的别墅那条道路上，加深了探索。

上行到右边的神圣大道，可以看到罗马萨皮昂扎大学的安德烈·卡朗蒂尼领导挖掘的工地：在近乎两公顷的地面上，人们发现了巴拉丁丘最古老的住地遗址、古老的堡垒、许多彼此重叠的住宅，从列王时期到帝国的初期；还有公元64年尼禄放火以后建造的店铺。越过提图斯的凯旋门时，可以在右边看到砖石建筑。根据西班牙艺术和考古学院的考古学家（雅维埃·阿尔斯和里卡多·马尔）的分析，这些可能是帝国时代用于商业的建筑和晚古时期一个社团的所在地。

角上，在君士坦丁凯旋门和所

谓的苏当尖端附近，萨皮昂扎大学的克莱芒蒂纳·帕内拉发现了城市最古老的元老院的集体圣殿，以及一座由克洛迪乌斯皇帝建造的神庙。如果人们转向大竞技场，在面对凯旋门的山坡上，可以看见安迪亚娜大学的考古学家们发掘出一座建筑的遗址，它可能是帝国时期的一个住所，或者是一个手工业者合作组织的所在地。考古监管局（伊雷纳·雅科皮）研究和重建七层塔的建筑滑槽，以及3世纪初塞威鲁王朝（罗马4世纪到6世纪的几位皇帝）修建的奥古斯都宫侧翼的巨大桥拱。沿着大竞技场和跑遍现今的圣特奥多罗大道，在图尔居斯屋群（现今的伊特鲁里亚人街）的旧轨迹上，可以到达罗马托尔·维尔加塔大学的挖掘工地（安德烈纳·里西），在1世纪末阿格里巴建造的市场仓库旁边；研究和重建"阿格里巴小麦仓库"的任务落在一群意大利研究者身上，他们由弗朗科·阿斯托尔菲、费德里科·吉多巴尔迪和阿尔贝托·普隆蒂组成。

靠近"小麦仓库"是一个大厅，由多米提安（罗马皇帝，51—96）让人在1世纪末建造：它的作用是到达皇宫的纪念性建筑入口。罗马的英国学院的亨利·赫斯特探索过它。他这样发掘过卡利古拉住宅的巨大中庭，雅典神殿的所在地，哈德良在135年左右建立的大学，这所大学直至6世纪仍然积极举行活动。在回到出发点之前，可以遇到献给朱图纳的那块地，由爱娃·马加雷塔·斯坦比领导的罗马的芬兰学院的挖掘小组，发现了罗马广场在共和国时期的一座大教堂。

为了到达小山顶，要借道提图斯凯旋门对面的巴拉丁丘。这条起伏不平的路和一路上的纪念性建筑，是考古监管局亚历山德罗·卡萨泰拉的研究对象。左边，可以看到罗马的法国学院的研究者们（亨利·布罗瓦兹、皮埃尔·格罗斯、让-保尔·莫雷尔、菲利普·佩尔戈拉、伊冯·泰贝尔、弗朗索瓦丝·维勒迪厄）发掘出非常丰富的地层和元首制初期的豪华住宅，掩埋在巨大的接待室中的花园，还有埃拉加巴尔（204—222，罗马皇帝）献给太阳的神庙遗址。在巴尔贝里尼葡萄园对面，奥尔蒂·法尔纳齐亚尼下面，罗马的瑞士学院（克莱蒙·克劳兹）研究了不同建筑的连续性，从共和国的住宅变为帝国宫殿，而"萨皮昂扎"大学（帕特里齐奥·邦萨贝纳）几年以来负责研究西贝勒神庙的地块。

上述的工程是同阿德里亚诺·拉雷吉纳领导的罗马考古监管局合作进行的，并通过伊雷纳·雅科皮和玛丽亚·安东尼埃塔·托梅在有关巴拉丁丘的问题上进行协商。也正是依靠监管局，才得以进行准备恢复纪念性建筑的一切研究，并为了保护和评估城市考古地块的一切活动。

伊达·吉奥尔达诺
译自伊马纽埃尔·拉皮的
《二十五年挖掘与研究》
见《考古学》
2000年2月第2号（第180期）

图片目录与出处

封面

《修复中的古罗马竞技场》。

书脊

《图拉真圆柱》。水彩画。Nicolle 作。罗浮宫。

封底

《以罗马废墟构成的建筑随想》。M. Ricci 画。瑞士,私人收藏。

扉页

1-3 修复中的古罗马竞技场,建筑立面图。水墨画。Louis Duc 作,1830年。巴黎,高等美术师范学校。
4-5 卡皮托利尼丘的城堡图。水粉加水彩画。Jacques Carlu 作,1924年。巴黎,高等美术师范学校。
6-7 卡皮托利尼丘脚下的档案馆和建筑群。水墨画加水彩画,Constant Moyaux 作。1866年。巴黎,高等美术师范学校。
8-9上 根据挖掘到的材料和典籍恢复的古罗马广场。水墨画加水彩画。
8-9下 今日的罗马广场。水墨画加水彩画。Ferdinand Dutert 作,1874年。巴黎,高等美术师范学校。
11 1820年左右,古罗马广场的挖掘情景。彩色版画。Bridgens 作。罗马博物馆。

第一章

12 罗马地图。原载乌贝蒂作的《世界的话语》,14世纪。巴黎国家图书馆。
13 手捧一个球的罗马女神像,罗马文明博物馆。
14 君士坦丁引导教皇西尔维斯特到罗马城门,把城市交给他。圣西尔维斯特小礼拜堂的镶嵌画。罗马。
14-15 阿拉里克劫掠罗马(细部)。版画。
16上 大竞技场。彩色版画。17世纪。罗马,Nardecchia 藏品。
16下 塞斯蒂乌斯金字塔。彩色版画。16世纪。
16右 图拉真圆柱剖面。版画。16世纪。
17中 万神庙圆顶图。照片。Roberto Schezen 摄。
17下 万神庙。素描。罗马,Nardecchia 藏品。
18-19 竞技场。素描。海姆斯凯尔克作。罗浮宫。
20 根据安西埃戴恩路线图复制的罗马地图。H. Huelsen 作。罗马,卡皮托利尼图书馆。
21 奥理略骑马塑像。素描。普桑作。法国,Chantilly 博物馆。
22上 《罗马的奇迹》的封面。1550年。木刻。
22下 君士坦丁大帝的巨大青铜像。罗马,卡皮托利尼博物馆。
23 腓特烈二世。版画。
24 佩脱拉克。意大利文艺复兴时期的画家,卡斯塔尼奥作。佛罗伦萨。

25 柯拉。版画。
26 韦斯巴芗皇帝的法典青铜牌。罗马,卡皮托利尼博物馆。
27 狮子形状的罗马地图。13世纪末。汉堡,国家暨大学图书馆。

第二章

28 尼禄的金屋,陈列《拉奥孔》的大厅。油画。Georges Chélanne作。卢昂美术博物馆。
29 《de Berry公爵的全盛时期》书中的罗马地图。法国,Chantilly博物馆。
30-31 细密画,取自Marcanova的《Mitnesis古抄本》。意大利的摩德纳,Estense图书馆。
32上 17世纪梵蒂冈图书馆的大厅。
32-33下 维纳斯暨罗马神庙,根据帕拉迪奥的叙述绘制。柏林,国立普鲁士文化遗产博物馆。
33上 细密画。原载14世纪出版的《罗马史》,李维著。
34左上 莱杜斯的肖像。版画。
34左下 保罗二世肖像。版画。
34-35上 《罗马及其圣使古堡》。布里尔作,1600年。梵蒂冈,"风塔"。
35下 克劳狄在元老院发表讲话,赞成让高卢人在罗马元老院派出代表的要求,48年。罗马文明博物馆(原画仿作在里昂)。
36左 《梵蒂冈皇宫一个敞廊的怪诞装饰》。拉斐尔作。梵蒂冈。
36右 梵蒂冈皇宫的敞廊穹顶上,一个奇异图案。梵蒂冈。
37 金屋中,装饰用的古怪烫金图案。载《古代绘画的素描》,巴尔托利著。巴黎国家图书馆。
38-39上 16世纪的意大利画家,塔德奥·祖卡里在描画《拉奥孔》。素描。祖卡里的弟弟,弗德里科·祖卡里作。佛罗伦萨。

38下 《朱利乌斯二世肖像》。拉斐尔作。梵蒂冈。
39下 《拉奥孔》。雕塑。梵蒂冈博物馆。
40左 《利奥十世肖像》。拉斐尔作。佛罗伦萨,弥撒博物馆。
40-41 《观景殿的阿波罗》。雕塑。梵蒂冈,庇护–克列门博物馆。
41 《罗马的萨西》。素描。海姆斯凯尔克画。柏林。
42-43下 奥古斯都的陵墓。版画。Alo Giovannoli作,1619年。原载《罗马古代遗址风景画》。
43上 《罗马地图》的残块。罗马文明博物馆。
44上 哈德良别墅平面图。黎戈里奥作。
44下 哈德良别墅。Charles Natoire作,1772年。法国的Montpellier, Atger博物馆。
45上 哈德良别墅的废墟。石印画。
45下 哈德良别墅的鸽子镶嵌画。罗马,卡皮托利尼博物馆。
46-47 罗马地图,还可以见到古代建筑。黎戈里奥的地图,无名氏的彩色版画。
48左 建造圣彼得教堂。壁画。16世纪的意大利画家,瓦萨里作。罗马,司法宫。
48右 西克斯图斯五世肖像。版画。无名氏作。凡尔赛宫。
48-49下 1520至1536年之间建圣彼得大教堂的情景。素描。海姆斯凯尔克画,佛罗伦萨。
49上 封塔纳的著作,《梵蒂冈的变动和方尖碑》的卷首插图。1590年。
50-51 圣彼得广场上的工程:竖起方尖碑。彩色版画。1586年。罗马, Nardecchia藏品。
52上 查理五世肖像。16世纪。法国, Chantilly博物馆。
53上 在1527年劫掠罗马事件中,波旁王室陆军统帅之死。版画。
52-53下 《罗马劫》。无名氏作。巴黎,私人收藏。

54-55 博齐奥的《罗马的地下》卷首插图。
56-57 古罗马广场。布里尔作。阿姆斯特丹国家博物馆。

第三章
---

58 《画室》。Michael Sweerts作。阿姆斯特丹国家博物馆。
59 《卡皮托利尼广场和宙斯孪生子雕像》。水彩画。Duclos作。
60上 卡瓦塞皮。版面。
60下 《参观古董店》。Jacques Sablet作，1788年。罗马，私人收藏。
61 《Charles Towneley在他的收藏室中》，18世纪的英国画家佐法尼作。Brunley，Towneley博物馆和艺术陈列室。
62-63 《Cornelis van der Geest的艺术品陈列室》。W.van Haecht作。比利时的安特卫普城，鲁本斯之屋。
64上 Otricoli地下遗址的入口。石印画。1802年。罗马，Nardecchia藏品。
64下 《罗马的博尔盖兹别墅一景》。水彩画。Jacques Sablet。巴黎，Marmottan博物馆。
65 《博尔盖兹别墅正面》。J. W. Baur作。罗马，博尔盖兹艺术品陈列室。
66上 《庇护-克列门博物馆》（细部）。B. Nocchi作。罗马，Braschi宫。
66-67下 《庇护-克列门博物馆的建立》。L. Agricola作。梵蒂冈，夏拉蒙蒂博物馆。
68 斯奇比奥家之墓。照片。
68-69 奥古斯都解放的奴隶之墓。版画。F. Blanchini作。载皮拉内西的《古罗马的拱形》，1750年。
69上 斯奇比奥家之墓。版画。皮拉内西。原载《罗马文物》，1756年。
70 巴拉丁丘上法尔内塞花园的平台。水彩画。Natoire作，1759年。罗浮宫。
71上 《18世纪末夹在屋群中的农神庙》。水彩画。罗马，私人收藏。
71下 图密善运动场。钱币。
72-73 《巴拉丁丘和君士坦丁凯旋门全景》。A.R.L.Ducros作。
73上 《巴拉丁丘》。水彩画。Natoire作。柏林，普鲁士国家博物馆艺术图书馆。
74 《战神广场地图》的卷首插画。版画。皮拉内西作。
74-75上 瓦奇诺原野。版画。皮拉内西作。载《罗马文物》，1756年。
75中 皮拉内西自画肖像。版画。
75下 版画。皮拉内西作。
76-77 《古罗马竞技场和君士坦丁凯旋门》。卡纳莱托作。伦敦。
78-79 《Boarium广场和男子命运神庙》。贝洛托作。
80-81 《古罗马艺术品陈列室》。帕尼尼作。罗浮宫。

第四章
---

84 《在竞技场内部挖掘》。罗贝尔作。马德里，普拉多博物馆。
85 古罗马竞技场平面图。Louis Duc作。1830年。巴黎，高等美术师范学校。
86-87上 法兰西共和国5年花月21日（1797年6月10日），第三次运载塑像和艺术品的车队从罗马出发，开往巴黎的国家博物馆。版画。
87上 《埃尼奥·维斯孔蒂肖像》。Vauchelet作。巴黎，卡勒法（Carnavalet）博物馆。
87下 《被法国人运走的艺术品回到罗马》。梵蒂冈，夏拉蒙蒂博物馆。
88上 德·坎西肖像。版画。
88下 在挖掘工地上工作的苦役犯。石印画。

原载《在罗马的一年》。托马斯作,1830年。
89 《古罗马广场》。Vauchelet作。法国,枫丹白露。
90-91上 为了托起雷霆朱庇特神庙的下楣而搭起铁制鹰架。素描。1812年。罗马博物馆。
90下 在挖掘和修复之前的雷霆朱庇特神庙。版画。B. Pinelli作。
91下 挖掘之后的雷霆朱庇特神庙。版画。B. Pinelli作。
90与91下图,左上角小框 在拿破仑时代进行的挖掘工作之前(90页图)和之后(91页图)的雷霆朱庇特神庙一角。1813年。巴黎,国家档案馆。
91右上 《庇护七世肖像》。17、18世纪时的法国新古典主义画家,大卫作。罗浮宫。
92上 达吕肖像。版画。
92-93下 提图斯公共浴池遗址。水墨画。Uggeri作。载《美丽的日子》,1817年。
93上 拿破仑政府时期挖掘和平神庙的情景。水墨画。巴黎,国家档案馆。
93下 1811年挖掘尼禄金屋的情景。Camporensi的平面图。巴黎国家档案馆。
94上 图拉真广场和圆柱。Nicole作。罗浮宫。
94下 清理后的图拉真广场。水彩画。兰奇安尼基金会。罗马。
95 《修建旺多姆圆柱》。法国, Malmaison古堡藏。
96上 协和神庙。Uggeri作。载《美丽的日子》,1817年。
96下 瓦拉迪埃肖像。版画。
97上 安东尼努斯和福斯丁娜神庙。水彩画。A. R. L. Ducros和Giovanni Volpato作。
96-97下 安东尼努斯和福斯丁娜神庙。梅纳杰作。1809年,巴黎。
98-99 在罗马改造品肖宫的工程。根据B. Pinelli的素描所作的石印画。

第五章

100 发现红衣主教黎格蒂的赫克力士像。照片。罗马博物馆。
101 在卡皮托利尼丘上的奥理略骑马青铜塑像。
102 《前门的奥古斯都》塑像。梵蒂冈,夏拉蒙蒂博物馆。
103上 利维别墅壁画。罗马国家博物馆。
103下 希拉斯之墓。石印画。原载康帕纳的《拉丁大道上的地下建筑》。1843年。
104上 马克桑蒂乌斯和君士坦丁大教堂,Pierre Martin Gauthier作,1814年。巴黎,高等美术师范学校。
104下 尼比肖像。版画。Carocci作。
105 拿破仑占领时期在罗马广场进行挖掘。钢笔画。
106-107 古罗马建筑的遗址。石印画。1815年,罗马,Nardecchia藏品。
108-109 梅泰拉之墓。19世纪的杜塞尔多夫画派风景画家,阿亨巴赫作。伦敦。
110 阿皮亚大道上的坟墓。版画。原载《阿皮亚大道》,卡尼纳作。1850年。
111 圆顶屋的现状和重建后的样子。出处同上。
112-113 地下墓室。版画。原载德·罗西作的《基督教罗马的地下》。
114-115 庇护九世和德·罗西参观地下墓室。石印画。
116 美国游客在地下墓室。插图。1900年。
117 在罗马的地下发现一具骨骸。插图。1900年。
118 在巴拉丁丘上发现的雕塑残块。帕尔克摄。1870年。
119上 圣多米蒂尔的地下墓室。帕尔克摄。
118-119下 考古通信研究院。版画。

第六章

120 1885年发现《坐着的斗剑士》。照片。
121 《坐着的斗剑士》。青铜塑像。罗马，公共浴池博物馆。
122上 1871年在密涅瓦·梅迪卡神庙挖掘的情景。帕尔克摄。
122下 1874年在建造新城时发现的文物。帕尔克摄。
123上 浮雕。在法尔内塞别墅附近发现的一个别墅中找到的。罗马，公共浴池博物馆。
123下 仿大理石制品。在法尔内塞别墅地下的一座别墅中找到的。罗马，公共浴池博物馆。
124 博尼的肖像。石印画。
125上 1885年挖掘之前，古罗马竞技场的内部。照片。
125下 清理地下走廊之后的古罗马竞技场。照片。
126-127 《巴塞利部长参观罗马广场的挖掘情形》。Mino Carnevali作。
127 1899年，巴塞利部长在罗马广场，面对假设的罗穆吕斯墓。石印画。
128下 帕尔克肖像。照片。
128-129上 兰奇安尼的古罗马广场平面图。1910年。
129下 从提图斯拱门看出去的景象。照片。帕尔克摄。
130-131下 墨索里尼挖了第一镐，揭开挖掘Imperoi大道的工程序幕。照片。
131左上 罗马之鹰，胜利的象征。雕玉，27年。维也纳，历史和艺术博物馆。
131右上 复制《前门的奥古斯都》像，以颂扬墨索里尼。
132上 奥古斯都皇帝及其随行人员。和平祭坛的浮雕。
132-133下 重建的和平祭坛。
133上 和平祭坛。照片。
134-135 重新设计的古罗马竞技场。Bruno Brizzi作。罗马。
136-137 古罗马模型。罗马文明博物馆。
138-139 《重建古罗马广场的北部》。水彩画。Becchetti作。罗马，文物宫。
140上 在奥斯蒂亚剧院发现的大理石面具。照片。
140-141下 海神尼普顿公共浴池的镶嵌画。奥斯蒂亚。
141上 塞韦里亚纳大道。照片。奥斯蒂亚。
142-143 图拉真市场上的砖石。照片。
144 1950年代在罗马发现一尊塑像。照片。

见证与文献

145 《古代牝狼》。青铜塑像。罗马，卡皮托利尼博物馆。
146 古罗马平面图。版画。黎戈里奥作。
148 指引外国人的向导。版画。
150 阿皮亚大道上的石子通道。照片。
154 万神庙。版画。原载《罗马城市建筑》。意大利建筑师塞里奥，1565年。
157 在瓦奇诺原野上的游客。石印画。
160-161 在罗马原野上的克劳狄引水渠。帕尔克摄。
160下 克劳狄引水渠的蓄水池。出处同上。
161下 在卡拉卡拉公共浴池发现的坟墓或者神庙的遗址。出处同上。
162左上 顶部有雕塑的圆柱。出处同上。
162右上 格吕萨莱姆的圣克罗齐教堂。出处同上。
162下 哈德良神庙。出处同上。
163上 古罗马竞技场前面的喷水池遗址。出处同上。
163下 弗拉米尼亚大道上的纳索家之墓。出处同上。

164 塞利尼肖像。版画。

166 卡拉卡拉公共浴池。版画。原载Alo Giovannoli的《罗马古代遗址风景画》，1619年。

169 1820年左右，挖掘古罗马广场的情景。素描。

170 在Argileto商场挖掘。照片。

173 圣卡利斯图斯之墓的第一个房间。版画。原载博齐奥的《罗马的地下》，1634年。

索引

A

阿尔德罗万蒂	41

16世纪意大利医生，在他的私人博物馆中，描绘了所有自然事物的图样。

阿德里安六世（1459～1523）	41

罗马教皇，1522年～1523年在位。

阿格里巴（公元前63～前12）	41

罗马政治家及将军，也是罗马皇帝奥古斯都的挚友和得力助手。

阿皮亚大道
61，69，101，109-111，150-153，176

阿斯普鲁奇，安东尼奥	65
阿斯普鲁奇，马里奥	65
埃米利安大教堂	126
埃斯基利努斯山	122-123

罗马七丘之一，尼禄在此建皇宫。

安东尼努斯和福斯丁娜神庙
57，96-97，126-127，158

安科纳的西里亚库斯（1391～1452）
31

《安西埃戴恩路线图》 22，60，104

奥斯蒂亚	50，98，132，140-142
奥理略	30

B

巴尔巴图斯	68，70
巴尔布斯剧院	142
巴尔托利	37

巴拉丁丘
17，47，70-72，109，118，124，128，147，149，156，158，179，182-183

布拉乔利尼，波奇（1380～1459）
30，32-34，54，148

意大利人文主义者，也是历史学家，在德国、瑞士及法国各修道院发现了遗失的拉丁经典著作。

巴塞利	127
《拔刺者》	41，80，86
保罗二世（1417~1471）	35

教皇，1464~1471年在位。

保罗三世（1468~1549）
19，50，70-71

教皇，1534年～1549年在位。

庇护四世（1499～1565）	48

罗马教皇，1559～1565年在位。

庇护五世（1504～1572）	41

罗马教皇，1566年～1572年在位。

庇护六世（1717～1799）
66-67，70，86，95

罗马教皇，1775年～1799年在位。

庇护七世（1740/1742～1823）
67，87-90，95-96

罗马教皇，1800年～1823年在位。

庇护九世（1792～1878）
102，114，141

罗马教皇，1846年～1878年在位。

比翁多（1388～1463）	32，36
波乐克斯	23，89

波隆那 85
意大利北部城市。
博尔盖兹 65, 86-87
17至19世纪, 罗马一个很有影响力的意大利家族。他们在罗马的别墅——博尔盖兹别墅, 如今成了艺术博物馆, 别墅的草地则成为公园。
博尼 126-128, 143
博齐奥 54-55, 60, 112, 173-174
布鲁图斯, 马尔库斯 85
布鲁图斯, 朱纽斯 85

C

城市景物画 81-82
查理五世 (1500～1558) 30, 52, 70
神圣罗马帝国皇帝, 1519年～1556年在位。
查士丁尼一世 23

D

达吕 (1767～1829) 92
达马兹一世 (305～384) 113
罗马教皇, 366年～384年在位。
大竞技场 73, 150, 154, 183
戴克里先 (约245～313)
15, 51, 124, 149, 168-169
罗马皇帝暨改革家。
德·坎西 88
德·罗西 103, 113-115, 172, 174
德·桑迦洛 40
德·图尔农 92-93
地下墓室
52, 54-55, 60, 112-114, 151, 172-173, 175-176
蒂沃利 45, 48

位于意大利中部, 是避暑胜地。
董迪 26

F

法兰西学院 97, 178
法尔内塞别墅 123-124
法尔内塞的赫克力士 81
法尔内塞家族 42
意大利一家族, 族内有多位军事将领, 政治家及神职人员。
梵蒂冈图书馆 32-33, 49
丰塔纳 (1543～1607) 48, 50
弗拉米尼乌斯 (公元前?～前217)
142, 150
兴建弗拉米尼乌斯大道及弗拉米尼乌斯竞技场。
弗兰西斯一世 (1494～1547) 40-41
法国国王, 1515年～1547年在位。
费阿 89, 92, 98, 103-105, 118, 141
腓特烈二世 (1194～1250) 23
福卡斯 (?～610) 89, 159
富尔维奥 52, 54

G

古罗马广场
14, 17, 20, 33, 47, 49-50, 57, 75, 89, 96, 101, 103-105, 108, 112, 124, 126, 149, 169-170, 181
古罗马竞技场 17, 77, 81, 85, 180
格雷戈罗维乌斯 (1821～1891)
122-123, 170-171
格利高里十六世 (1765～1846) 112
罗马教皇, 1831年～1846年在位。

H

哈德良（76～138）
　　　　　　33-34，45，67，154，183
海姆斯凯尔克（1498～1574）　19，41
黑石　　　　　　　　　　　126-127
和平祭坛　　　　　　　　45，132-133
赫克力士　42，73，79，101，143，165
希腊神话中的英雄，体力、耐力惊人，完成艰辛的十二项工作。

J

吉格利奥利　　　　　　　　131，140
基里纳尔山　　　　　　17，123，127
古罗马七丘中最高的一座。
教皇墓　　　　　　　　　　113，115
久利亚别墅　　　　　　　　　　42
君士坦丁和马克桑蒂乌斯大教堂
　　　　　　　　　　　　　　57，96

K

卡皮托利尼丘
24，30，41，47，59，85-86，89，96，
104，126，148-149，156-157，169
卡尔沃　　　　　　　　　　　　52
卡拉卡拉，皇帝（188～217）　　104
211年～217年在位。加冕后改称马可·安东尼努斯，建造著名的卡拉卡拉公共浴池。
卡尼纳　　　　　　103，109-110，112
卡诺瓦（1757～1822）　　　87，89，92
意大利雕刻家，18世纪后半期新古典运动的代表人物。
卡斯特　　　　　　　　　　　23，89

卡瓦塞皮　　　　　　　　　　61，66
康帕纳　　　　　　　　　　　　103
柯拉（约1313～1354）　　　　　25-26
克列门七世（1478～1534）　　　　34
罗马教皇，1523年～1534年在位。日耳曼王查理五世和法王法兰西斯一世为取得欧洲最高主权而争斗，克列门七世调停不成，遂和法国结盟，于是引起查理报复：1527年查理攻陷罗马以后，把克列门七世囚禁在圣使古堡内。
克列门十一世（1649～1721）　 65，77
罗马教皇，本名Gian Francesco Albani，1700年～1721年在位。
克列门十四世（1705～1774）
　　　　　　　　　　　　61，66-67
罗马教皇，1769年～1774年在位。

L

《拉奥孔》　　29，39-41，81，86，93
拉丁大道　　　　　　　　　102，175
拉斐尔（1483~1520）
　　　　　　　39，52，86，110，168
拉弗雷里　　　　　　　　　　　75
拉特朗　20-21，25，30，51，67，113
指聚集在罗马圣乔凡尼大广场周围所有的建筑物，或其中一栋，分别是教堂、洗礼堂及拉特朗宫。
莱杜斯　　　　　　　32，34-36，118
兰奇安尼（1845～1929）
　20，121，123-124，128-129，135，148
利奥十世（1475～1521）　 40-41，168
罗马教皇，1513年～1521年在位。
黎戈里奥　　　　　　45，47-48，52，110
利维之宅　　　　　　　　　103，109
罗贝尔　　　　　　　　　　　57，82

《罗马广场图》	129，135
罗马地图	
42，47，52，74，82，105，128，140，142，146	
《罗马劫》	19，53
"罗马的奇迹"	22，24
罗穆吕斯	104，108，126，142
吕多维齐	122

M

马佐乔	52
马尔利亚诺	52，105
梅迪卡神庙	122，78，180-181
梅迪奇别墅	92
蒙田（1533～1592）	14，155-156
蒙福孔（1655～1741）	60
梅泰拉	108，110-111，169
密涅瓦	67，122，142，164，170-171
莫姆森（1817～1903）	109，114

德国历史学家、古典学者，精研罗马律法。写成《罗马史》四卷，因而在学界享有盛名。1902年获得诺贝尔文学奖。

N

尼比	103-105，109，119
尼古拉五世（1227～1292）	32-33

罗马教皇，1288年～1292年在位。

尼禄（37～68）	
	14，38，45，50，93，147，182
农神神庙	89，104

P

帕拉迪奥（1508～1580）	33

皮拉内西（1720～1778）	
	68-69，74-75，82
庞贝	39，75，83，90
品肖宫	98-99
普桑（1594～1665）	57，82

Q

七层塔	51，183

S

萨吕斯特（公元前86～前34）	
	42，167，178

罗马历史学家、政治家。

塞利尼（1500～1571）	
	36，52，164-165

其精采的《自传》至今仍为人熟知，在这本传记中，作者以自信大胆自居，每每为忠于自己的艺术，与其对手，甚至赞助人争论不休。

塞拉皮神庙	45
塞斯蒂乌斯	17，149
塞维鲁（146～211）	104

罗马皇帝，下令修建塞维鲁凯旋门，以纪念他统治的前十年。

圣阿德里安（884年～885年在位）	
	20

罗马教堂。

圣彼得教堂	17，31，50，169
圣格利高里一世（540～604）	60，174

罗马教皇，590年～604年在位，通常称为伟大的格利高里。

圣卡利斯图斯	172-173

217年～222年任教皇，在阿庇亚大道建造殉道者墓场，反对君王派异教的领袖萨贝留

斯，其为人仁慈，反对将谋杀者、叛教者、通奸者终生逐出教会。223年殉教。
圣使古堡　　　　　31，34-35，67，150，169
圣西克斯图斯（？～125？）　　113，173
罗马皇帝，116？～125？年在位。
十二天神柱廊　　　　　　　　　　104
狮身鸟首兽　　　　　　　　　　　74
司汤达（1783～1842）
　　　　　　　　　　88，92-93，99，104
以《红与黑》一书驰名的法国小说家。

T

塔布拉里恩　　　　　　　57，91，104
台伯河
20，41，79，86，96，118，123-124，133，155，169
意大利中部最长的河流。
提图斯（39～81）
57，73，81，93，96-97，104，129，149-150，159，169
罗马教皇，79～81年在位。
图密善（51～96）
　　　　　71，74，124，142-143，149
罗马皇帝，81年～96年在位，被称为最糟的罗马皇帝。

W

瓦拉迪埃　　　　　　　　　92，95，98
万神庙
17，21，25，33，41，81，98-99，149，154，169
古代供奉众神的教堂或寺庙中最著名的是罗马的万神庙。
旺多姆圆柱　　　　　　　　　　　95

韦斯巴芗（9～79）
25-26，57，81，91，104-105，149，158
罗马皇帝，69年～79年在位。
温克尔曼（1717～1768）
　　　　　　　　　　　29，59，61，82-83
屋大维娅　　　　　　　　　　　　142
维斯孔蒂，埃尼奥　　　　　67，86-87
维斯孔蒂，彼埃特罗　　　　　　　102
维斯孔蒂，吉安　　　　　　　　　67

X

西尔维斯特（？～335）　　　　　　15
罗马教皇，314年～335畔在位。
西克斯图斯四世（1414～1484）
　　　　　　　　　　　　　35，41，49
罗马教皇，1471年～1484年在位。
西克斯图斯五世（1520～1590）
　　　　　　　　　　　48，50，77，123
罗马教皇，1585年～1590年在位。
希拉斯　　　　　　　　　　　69，103
夏多布里昂（1768～1848）
　　　　　　　　　　　　89，98，168-169
法国作家。1802年写作《基督教的真谛》，旨在提升自启蒙运动后，声名低落的基督教地位。拿破仑对这本书颇为激赏，遂派他为罗马外交人员，他写了一些咏叹此城的书信。此外，他也写作了《勒内》。
夏拉蒙蒂博物馆　　　　　　67，87，102
协和神庙　　　　　　　　96，104，169
位于意大利的亚格里琴敦城，为意大利境内保存最完整的希腊神殿。

Y

亚历山大六世（1431～1503）　　　49

1492年～1503年任罗马教皇。
伊拉鲁斯 51
图拉真圆柱 17，21，95，98，150
圆柱上描绘了图拉真皇帝征服达契亚（约今之罗马尼亚）的两次战争。
英诺森八世（1432～1492） 41
罗马教皇，1484年～1492年在位。
雅尼库伦丘 47，171
虽不在罗马七丘之列，但仍有重要的战略价值。

Z

朱利乌斯二世（1443～1513） 38，40
罗马教皇，1503年～1513年在位。
朱诺 142
罗马神话中天神朱庇特的姐姐与妻子。
祖卡里（1542/1543～1609） 39

Tous droits de traduction et d'adaptation réservés pour tous pays © Gallimard 1989. Chinese language publishing rights arranged with Gallimard through Bardon-Chinese Media Agency. Simplified Chinese translation copyright © 2014 by Jilin Publishing Group.

吉林省版权局著作权合同登记
图字 07-2014-4419

图书在版编目（CIP）数据

罗马考古：永恒之城重现 /（法）莫蒂著；郑克鲁译. -- 长春：吉林出版集团股份有限公司，2018.1
（发现之旅）
ISBN 978-7-5534-9657-3

Ⅰ. ①罗⋯ Ⅱ. ①莫⋯ ②郑⋯ Ⅲ. ①古罗马－历史－通俗读物 Ⅳ. ①K126-49

中国版本图书馆CIP数据核字（2015）第295530号

发现之旅
LUOMA KAOGU YONGHENG ZHI CHENG CHONGXIAN
罗马考古：永恒之城重现

著　　者：	［法］克劳德・莫蒂	译　者：郑克鲁

出版策划：刘　刚　孙　昶
项目执行：孙　昶
项目统筹：孔庆梅
责任编辑：王诗剑　　　　　　　　责任校对：邓晓溪　侯　帅
出　　版：吉林出版集团有限责任公司（www.jlpg.cn）
　　　　　（长春市人民大街4646号，邮政编码：130021）
发　　行：吉林出版集团译文图书经营有限公司
　　　　　（http://shop34896900.taobao.com）
电　　话：总编办：0431-85656961　　营销部：0431-85671728/85671730
印　　刷：吉林省恒盛印刷有限公司
开　　本：880mm×1230mm　　1/32
印　　张：6.125
字　　数：200千字
图 幅 数：150
版　　次：2018年1月第1版
印　　次：2018年1月第1次印刷
书　　号：ISBN 978-7-5534-9657-3
定　　价：35.00元

印装错误请与承印厂联系　　电话：0431-84727696